일곱 살부터 사춘기까지
아들 키우기가 고민입니다

일곱 살부터 사춘기까지

아들 키우기가
고민입니다

정윤경·김윤정 지음

한솔수북

아들 마음을 보면 행동을 이해할 수 있습니다

아무리 말을 하고 또 말을 해도 당최 귀에 담을 생각조차 없는 것 같은 아들, 그러다가 감정이 격해져서 툭 건드리거나 쥐어박기라도 하면 온갖 증오를 담은 눈빛으로 달려들 듯 화를 내는 아들. 겨우 고비를 넘긴 뒤 다음 날 뭔가 달라졌을까 싶어서 조심스레 어제 못다 한 이야기를 꺼내면 생전 처음 듣는 소리인 양 어리둥절해하는 아들, 그러면 겨우 가라앉혔던 엄마 마음에 폭탄 하나가 떨어진 듯 화가 나고 목소리가 커지고 말지요. 이럴 때면 엄마들은 내가 아들을 잘못 키웠나 하는 의문을 품습니다. 하지만 걱정하지 마세요. 대부분의 엄마가 걱정한다는 것은 대부분의 아들이 그렇다는 증빙입니다. 아들은 원래 그렇다고 보면 됩니다.

그것을 이해하지 못하고 무조건 재촉하거나 다그치기 때문에 관계가 틀어지는 거예요. 왜냐하면 아들은 남자이고, 엄마는 여자잖아요. 남자와 여자는 감정을 표현하는 방식이 매우 다르고, 어떤 상황을 받아들이고 대처하는 방식도 매우 다르다는 것 잘 아시지요? 여자인 엄마는 남자인 아들을 이해할 수 없으니 잔소리 먼저 하게 되고, 그러면 또 남자인 아들은 여자인 엄마를 이해할 수 없어 일단 반항부터 하게 됩니다.

이 책은 내 아들을 내가 원하는 대로 어떻게 만들 수 있을까에 대한 해결책을 제시하지 않거니와 그렇게 하는 것은 가능하지도 않습니다. 이 책을 통해 꼭 전하고 싶은 메시지는 부모가 자녀를 통제할 수는 없지만, 부모가 자식에게 보이는 모든 태도와 행동은 아주 작은 것이라도 아이의 인생에 큰 영향을 미친다는 것입니다. 나비의 작은 날갯짓이 지구 반대편의 토네이도 방향과 크기에 영향을 주는 것처럼 부모의 작은 행동 하나가 아이의 인성이 형성되는 데 큰 시발점이 됩니다. 부모의 행동으로 인한 미약한 영향력의 시작이 이후 자녀가 성장하면서 경험하는 수많은 자극과 더해진 결과가 어떻게 될지 누구도 정확하게 예측할 수는 없습니다. 다행히 부모 자녀 관계에 대한 연구와 임상 자료들은 올바른 부모의 신념과 행동이 무엇인지는 분명히 제시하고 있지요.

이 책에서는 이러한 기본에 근거하여 엄마들이 아들을 키우면서 겪는 고충을 깊이 이해하고 좀 더 안전하고 바람직한 반응을 선택할 수 있도록 이야기를 풀어 가고 있습니다. 책 안의 실전 토크에서는 엄마들의 고충에 완벽한 답을 드리지는 못하지만 수많은 원인과 해결 방법 중 몇 가지를 중심으로 마음의 대화를 나누고자 합니다. 결국 부모는 자녀의 독특한 특성과 현재의 환경을 고려해 가장 안전하고 바람직한 행동을 스스로 선택하고 실행할 수 있어야 하니까요.

부디 이 책의 내용이 부모 스스로 마음을 바라보고 다스려 아들이 긍정적으로 성장하는 데 역할을 할 수 있도록 지혜와 용기를 드리길 바라며 따뜻한 응원의 메시지를 보냅니다.

정윤경·김윤정

차례

✳

엄마 마음챙김 03

엄마가 살살 풀어줘야 할 아들의 마음

엄마 마음챙김 04

엄마가 받아들여야 할 아들의 특성

PART 2
사춘기, 아들은 지금 리모델링 중

(엄마
마음챙김
05)

지금은 엄마가
거리를 둬야 하는 때

(엄마
마음챙김
06)

여전히 엄마가
가르쳐야 하는 때

묵묵히 엄마가 기다려야 하는 때

조심스레 엄마가 다가가야 하는 때

* * * * * * * * * * * * *

PART 1

학령기,
아들은 지금
홀로서기 중

* * * * * * * * * * * * *

살갑던 아들이 엄마보다는 친구가 먼저이고, 말과 행동도 거칠어 졌어요. 제멋대로 행동하려고 해서 엄마 속을 부글부글 끓게 하는 일이 잦아졌고요. 말대꾸도 상당히 치밀해져서 엄마 말문을 막히게 할 때도 많아요. 아들이 이상해진 걸까요? 아들이 못되어진 걸까요? 당연히 아닙니다. 오히려 잘 성장하고 있는 중이지요. '학령기'라고 불리는 초등학생이 되면 나타나는 자연스러운 모습들입니다.

남자아이는 호기심이 왕성하고 직접 몸으로 부딪쳐가며 새로운 정보를 습득하려는 성향을 지녀서 산만해지기 십상입니다. 이것은 남자아이가 남자아이답게 크는 아주 자연스러운 모습이지요. 또래 여자아이들과 비교해가며 '쟤는 도대체 왜 그러지?'라고 의아해할 이유가 없습니다. 또 하나의 성향은 '활동적'이라는 것입니다. 남자는 사냥에 적합한 뇌를 가지고 있다고 알려져 있어요. 진취적이고 도전적이고 호전적인 남자의 기질은 바로 이런 뇌와 밀접한 관련이 있습니다. 아들이 너무 과격한 모습을 보이는 것 같아 고민이라면 그 고민을 내려놓아도 돼요. 남자로 태어나 남자답게 행동하는 것은 당연한 일이니, 다른 사람에게 피해를 주지 않는 선에서 아들이 지킬 수 있는 규칙을 함께 정하고 지켜나갈 수 있게 도와주면 됩니다.

칭찬을 할 때도 남자아이의 기질을 알면 큰 도움이 됩니다. 남자아이들은 여자아이들보다 자신에 대한 믿음에서 엄청난 기운을 받습니다. 이런 자기 믿음은 어떤 일에서 무엇을 잘했는지, 또는 잘하게 되었는지를 구체적으로 인식하는 과정을 통해 갖게 되지요. 남자아이들은 자신이 한 일이 다른 사람에게 어떻게 비치는지에 대해서는 별로 관심 없어요. 그저 자신이 무엇을 잘했고 못했는지를 따지는 것에만 초점을 맞춥니다. 아들을 칭찬할 때는 아이가 성취한 것에 대한 부모의 느낌을 막연히 이야기하는 것보다는 아이가 무엇을 어떻게 잘했는지를 구체적으로 이야기하는 것이 좋아요.

야단을 칠 때도 규칙이 있습니다. 평소에 엄마는 아들을 감정적으로 잘 보듬어줌으로써 아이가 사랑받고 존중받는 존재임을 느끼게 해주어야 합니다. 그러다가 야단을 칠 일이 있으면 반드시 강하고 따끔하게 다그쳐서 권위를 잃지 않도록 해야 하고요. 남자아이들은 늑대와 비슷한 성향을 가지고 있어서 서열을 아주 중요시하기 때문이에요. 아들은 자신보다 서열이 낮다고 생각되면 만만하게 생각하거나 무시할 수 있으므로 아낌없이 사랑을 주면서 한편으로는 단호한 태도로 부모로서의 권위를 잃지 않는 엄마가 되어야 합니다.

지금부터 실전에서 엄마가 아들에 대해 가장 많이 고민하고 궁금해하는 부분들을 하나하나 풀어나갈 겁니다. 어쩔 수 없는 갈등 상황에서 어떻게 충돌을 피하고 현명하게 대응할 수 있을지에 대한 해답을 함께 찾아보아요.

엄마
마음챙김
이

엄마가 바로잡아야 할
아들의 습관

학령기 특유의 남 같아진 아들이 보이는 미운 행동, 한두 가지가 아닐 겁니다.
이중 엄마가 반드시 바로잡아줘야 할 아들의 습관만 모았습니다.

아들 엄마의 고민

01 학원에 안 가려고 터무니없는 핑계를 대요.
02 아들이 갑자기 용돈을 너무 많이 써요.
03 우리 아들은 자존감이 너무 낮은 것 같아요.
04 자신의 잘못을 자꾸 남 탓으로 돌려요.
05 가끔 부모의 지갑에서 몰래 돈을 빼가곤 해요.
06 아직도 자기 물건을 잘 챙기지 못해 자주 잃어버려요.
07 정리를 못해서 방이 쓰레기장 같아요.
08 여자아이들 때문에 학교 가기 싫대요.
09 우리 아들이 자꾸 친구들을 때린대요.
10 동생이랑 자주 다투고 폭력을 쓰기도 해요.
11 엄마인 나를 무시하는 것 같아요.

학원에 안 가려고 터무니없는 핑계를 댄다면?

핑계를 차단하는
최고의 방어막은 일관성

학령기에 접어들면 학원과 떼려야 뗄 수 없는 일과를 보내게 됩니다. 한참 뛰어놀 나이에 학원가를 전전해야 하는 아들의 모습이 짠하면서도 다른 아이들도 모두 그렇게 하니 내 아들만 안 그랬다가는 큰일 날 것만 같아 어쩔 수 없이 학원으로 등 떠밀게 됩니다.

학령기를 지나고 있는 아들은 공부하는 것보다 노는 게 훨씬 더 좋을 나이라 학원을 하루만 빠지면 안 되느냐는 부탁을 종종 할 게 분명해요. 한두 번 그럴 때는 선심 쓰듯 승낙하기도 하지만 반복되면 기분이 좋을 리 없잖아요. 엄마는 꾸중하기 시작할 겁니다.

"돈 아깝게 학원을 왜 빠져!"

"그런 식으로 하면 학원 끊어 버릴 거야."

이런 이야기를 들은 아들은 자신의 행동이 잘못되었음을 인정하고 반성할까요? 다시는 그렇게 하면 안 되겠다는 다짐을 할까요? 절대로 그렇지 않습니다. 아들은 엄마 앞에서 아무 말도 못 하겠지만 마음속으로는 '누가 학원 보내 달라고 했나? 돈 아까우면 그냥 끊어 버리라고요. 그러면 나야 땡큐지.'라고 생각하고 있을 겁니다. 아예 대놓고 이야기하는 아이도 있어요. 이럴 때는 문제가 더 커지지요. 안 그래도 화난 엄마의 속을 긁어놓으니 전쟁을 선포하는 셈이잖아요.

엄마는 어떤 상황에서든 아들에게 조절되지 않은 분노를 퍼부어서는 안 돼요. 감정을 조절하면서 인내하고 기다려줘야 해요. 하지만 아들이 징징거리며 말대꾸하거나, 어디가 아파서 못 가겠다는 뻔한 핑계를 대거나, 친구 집에서 학교 과제를 해야 한다고 거짓말을 하면 도무지 참을 수 없겠지요. 화를 낼 수밖에 없는 상황이 되기 전에 처음부터 신중하고 현명하게 문제를 풀어나가야 합니다.

가장 좋은 방법은 아들 입장에서 생각해보는 것이에요. 아들이 왜 학원을 가기 싫어할까, 무엇이 힘들어서 그럴까를 먼저 생각해보는 겁니다. 그런 다음 옳은 것이 무엇인지에 대해 이야기를 들려줍니다. 이때는 일방적으로 가르치거나 바꾸려고 하면 안 되고, 힘들고 지친 아들의 마음을 충분히 공감해주며 이야기해야 합니다.

"친구랑 놀고 싶구나. 학교가 끝났으니 친구랑 마음껏 놀고 싶은 마음 엄마도 알지. 하지만 배우는 건 아주 중요한 일이야. 지금 이것을 배워두면 너에게 많은 도움이 될 거야. 그러니까 힘들어도 힘내서 해보자. 그리고 내일은 학원을 안 가도 되니 친구를 우리 집에 초대해서 같이 놀자. 엄마가 피자 주문해줄게."

일단 특정한 요일에 학원을 가기로 한 규칙은 일관성 있게 지킬 수 있도록 격려를 해주어야 해요. 어느 때는 학원에 꼭 가야 한다고 했다가 어느 때는 오늘 하루만 빠져도 된다고 허락해주면 안 됩니다. 가끔 한번씩 빠지게 해주는 엄마의 선심이 혹시나 오늘도 베풀어질까 싶어 자주 졸라댈 수 있거든요.

정말 특별한 날은 빠질 수 있도록 선심을 베풀어도 됩니다. 그런 날까지 규칙을 강조하다가는 아들을 정말 지치게 만들 수 있거든요. 예를 들어 체험학습을 다녀와서 많이 피곤해하는 날이나 가장 절친한 친구의 생일파티에 초대받은 날은 하루쯤 빼주면 아들이 무척 기뻐할 거예요. 다만 아들에게 허용한 이유를 알려주고 다음부터는 다시 약속된 일정을 소화해야 한다는 사실을 반드시 상기시켜 주세요.

"가장 친한 친구의 생일이니 엄마가 오늘만 특별히 학원에 안 가도록 허락해 줄게. 친구 집에 가서 축하해주고 맛있는 것도 많이 먹고 재미있게 놀다 오렴. 그 대신 다음 시간부터는 빠지지 말고 열심히 공부해야 해."

간혹 학원에 가야 할 시간이 다가오면 여기저기 아프다는 호소를 하는 경우도 있어요. 병원에 가서 '신경성'이라는 진단을 받았다면 학원에 대한 심리적 불편감이 신체적 증상으로 나타나는 것은 아닐지 판단해봐야 합니다. 엄마 입장에서는 병원에서 원인을 찾을 수 없다고 하니 꾀병이라고 생각할 수도 있지만 아들은 신체적 고통을 느낄 수 있어요.

이 경우 어떤 학원이 힘들게 하는지, 학원 숙제가 많아서 그런지, 함께 공부하는 친구들 사이에 문제가 있는지, 진행되는 수업 내용이 너무 어려운 것은 아닌지 아들에게 구체적으로 물어서 어떤 부분에 부담감을 갖고 있는지 확인해야 합니다. 그리고 앞으로 어떻게 해야 할지 아들과 함께 의논해야 하지요.

또한 "힘든 일이 있으면 언제든지 엄마에게 이야기해줘."라고 알려 주세요. 그동안 참을 수 없을 만큼 힘든 부분이 있었음에도 불구하고 엄마에게 혼나거나 엄마를 실망시킬까봐 참고 있었을 수도 있어요. 아들의 어려움에 대해 진정성 있게 공감하고 함께 해결하고자 하는 의지를 보여준다면 아들은 신체적인 고통을 호소하면서 회피하려는 태도 대신 어려움을 있는 그대로 표현하면서 엄마와 함께 해결해나가려는 모습을 보일 것입니다.

아들 마음 읽기 ✳ 아들에게 학원에 다녀야 하는 이유를 알려주고, 일관성 있게 그날의 일과를 지킬 수 있도록 해주세요. 특별한 이벤트가 있는 날은 빠지는 것을 허락하되, 그 이유를 꼭 짚어주세요. 아들이 학원 가기 전 아프다는 말을 자주 한다면 학원에서 어떤 어려움이 있는지 파악하는 대화가 필요합니다.

갑자기 용돈을 너무 많이 쓴다는 생각이 들 때는?

돈을 안 쓰는 것이 아니라
제대로 쓰는 것이 금융교육

고사리 같은 손으로 동전을 하나씩 하나씩 저금통에 집어넣던 그 귀엽고도 기특한 모습이 지금껏 엄마 머릿속에서 지워지지 않았을 거예요. 심부름 하나 하고 동전 하나 받으면 여지없이 저금통으로 달려가서 쏙쏙 집어넣던 그 모습을 어떻게 잊을 수 있겠어요.

그런데 어느 순간이 되면 아이들은 자기 돈을 마음대로 쓰는 데 매우 당당해집니다. 평소에 용돈을 받는 아이들은 돈을 쓸 일이 많아졌다는 이유로 용돈을 올려줄 것을 요구하기도 하고요. 요구하는 횟수가 잦아지고 액수가 많아질수록 용돈 관리에 대한 지침을 어떻게 세워야 할지 부모의 고민도 깊어집니다.

용돈을 어떻게 관리하는 것이 현명한지에 대한 가르침을 줄 때는

'무조건 안 쓰는' 것이 아니라 '제대로 잘 쓰는' 것에 초점을 맞춰야 해요. 용돈을 통해 자녀에게 가르쳐줄 수 있는 것은 단지 절약을 하면 돈이 모여서 풍족해질 수 있다는 것에만 국한되지 않아요. 일단 용돈을 쓸까 말까, 저금을 할까 말까 하는 고민을 하면서 절제하고 조절하는 능력이 발휘됩니다. 어디에 얼마만큼을 쓸까를 계산하면서는 인지적 실행 능력이 발달하고요. 자신이 원하는 것을 얻어서 그것을 적절하게 사용하는 과정을 통해서는 심리적 유능감을 키워나갑니다.

그러므로 아들이 요즘 들어 용돈을 많이 쓰는 것 같아서 걱정이 되더라도 무조건 용돈을 줄이라고 할 것이 아니라 스스로 계획을 세워서 실행해볼 수 있도록 자율권을 주는 것이 좋습니다. 용돈 기입장을 쓰면 올바른 소비 습관을 익히는 데 큰 도움이 됩니다. 용돈 기입 어플을 활용하는 것도 좋습니다.

용돈을 얼마나 주는 것이 적절할지에 대해 고민하고 있다면 약간 모자란 듯하게 줄 것을 추천합니다. 그래야 아들이 그 돈을 적절하게 쓰기 위해 고민하는 과정이 곁들여질 테니까요. 모자란 용돈은 홈아르바이트를 통해서 채울 수 있도록 해주세요. 홈아르바이트를 할 때는 각각의 항목에 대해 비교적 적은 금액을 책정해서 아들이 푼돈의 소중함을 느낄 수 있도록 해줘야 합니다.

돈을 통해 아이가 '저축'의 중요성에 대해 배우는 것이 중요하지만 '나눔'의 가치에 대해서 배우는 것도 아주 중요합니다. 정말 필요한 데 소비하는 습관을 들이면서도 오직 나만을 위해 쓰는 것이 아니라 자신이 가진 것 중 일부를 가족이나 주변 사람들에게 적당히 나눠줄 수 있는 마음도 키워줘야 해요. 돈은 낭비하지 않으면서 기쁘게 사용할 수 있어야 합니다.

최근에는 FQ(금융·financial과 지능지수IQ를 합친 신조어로 '금융지능지수'를 뜻함)의 중요성이 대두되고 있어요. 투자자로 키울 것도 아닌데 벌써부터 돈과 금융에 대해 알려줄 필요가 있을까에 대한 고민은 아예 필요도 없습니다. 이것은 투자자로 키우기 위해 필요한 과정이 아니라 세상의 이치를 배워나가는 과정이니까요.

아들 마음 읽기 ✳ 용돈을 무조건 줄이라고 하는 것보다 용돈을 어디에 어떻게 쓸지에 대해 스스로 계획해서 실행해나갈 수 있도록 아들에게 자율성을 주세요. 모자란 용돈은 홈아르바이트를 통해 충당하도록 하고 어디에 얼마나 썼는지 용돈 기입장을 쓰도록 하는 규칙 정도는 엄마가 제시해도 좋아요.

우리 아들은 왜 이리도 자존감이 낮은 걸까?

자존감을 키우는 양분은
사랑, 존중 그리고 신뢰

자존감, 즉 자아 존중감이란 '나는 참 괜찮은 사람이다'라고 스스로 느끼는 행복한 마음의 징표입니다. 이런 생각을 의식하여 행동하는 아이는 없습니다. 하지만 아주 어려서부터 다양한 경험을 통해 조금씩 마음속 깊은 곳에서 형성됩니다.

아들의 자존감이 낮아 보인다면 이것은 간단히 넘어갈 문제가 아닙니다. 이유부터 찾아야 합니다. 그래야 도움을 줄 수 있는 방법도 찾을 수 있을 테니까요.

첫 번째로 평소에 부모로부터 충분한 사랑을 받지 못한 경우 자존감이 낮을 수 있습니다. 아이의 자존감은 부모와의 원만한 관계에서 싹트기 시작해서 점점 발전해나갑니다. 평소에 말과 행동을 통해 사랑하는 마음을 풍부하게 표현하는 부모의 자녀는 자존감이 높고 행복합니다. 사랑의 표현 안에는 신뢰하고 지지하는 마음이 한껏 담겨 있으니까요.

부모로부터 사랑 표현을 듬뿍 받고 자라 자존감이 높은 아이는 부모로부터 야단을 맞더라도 상처를 받는 게 아니라 오히려 부모가 자신을 위해 잘못된 것을 고쳐주려고 그랬을 것이라고 믿으며 앞으로 더 잘해야겠다고 다짐하게 돼요. 반면 사랑하는 마음을 잘 표현하지 않는 부모 밑에서 자란 아이는 사랑받고 있다는 확신이 없으므로 자신이 미움받고 있다는 생각에 불안해할 수밖에 없습니다.

어렸을 때는 부모가 세상의 전부잖아요. 부모로부터 충분히 사랑받지 못하면 세상에 대한 불신감도 커지고 어떤 일에 대한 불안감도 커져요. 부모가 자신을 지지해주지 않는다는 생각에 아이는 새로운 일에 도전하거나 힘든 일에 부딪쳐보고 싶은 용기를 좀처럼 내기 힘들어합니다.

부모에게 충분히 사랑받지 못해 자존감이 낮은 아이에게 내릴 수 있는 최고의 처방전은 바로 '사랑해'라는 말이에요. 평소에 입에 잘 붙지 않아서, 왠지 손발이 오그라들어서, 당연한 것을 꼭 말로 표현할 필요가 있을까 싶어서, 말로 표현하면 오히려 소중한 가치가 훼손될까 걱정돼서 사랑한다는 말을 꺼려왔다면 지금부터라도 아낌없이 꺼내놓으세요. 사랑한다는 말은 많이 할수록 좋고, 아무리 많이 해도 과할 것이 없어요.

평소에 사랑 표현을 많이 하는데도 아들의 자존감이 낮아 보인다면 사랑을 표현하는 방식에 문제가 없었는지 점검해봐야 합니다. 자녀의 자존감을 높이는 사랑은 '무조건적인 사랑'이에요. 무조건적인 사랑이란 있는 그대로의 모습을 받아들이고 인정하는 것입니다. 그런데 이것이 생각만큼 쉽지가 않아요. 부모의 기대치나 사회적 잣대가 난데없이 끼어들어 자녀를 평가하고 비난하는 일이 빈번히 발생하니까요. 아들의 자존감을 높이기 위해서는 엄마가 먼저 욕심이나 기대치를 버리고 있는 그대로의 아들의 모습을 인정해줘야 합니다. 무조건적인 애정을 베풀어주세요. "사랑해."를 백 번 천 번 외치는 것이 중요한 게 아니에요. 애정 어린 눈빛과 따뜻한 손길로 필요한 것을 정성스럽게 제공하는 것이 진짜 사랑입니다.

두 번째로 아들에 대한 과보호가 오히려 자존감을 떨어뜨릴 수도 있어요. 아들이 무엇을 스스로 해볼 겨를도 없이 부모가 알아서 손발이 되어 다 해주는 식으로요. 어려움을 겪을 때 부모의 도움으로 그 상황을 모면하는 것이 반복되면 아이는 굳이 스스로 무언가를 해결하기 위해 노력할 필요가 없어지겠지요. 그래서 무언가를 시도조차 하지 않고 마는 겁니다. 혹시나 내가 아무것도 못하는 쓸모없는 아이라서 엄마 아빠가 대신해주는 건 아닐까 하는 생각에 자신을 비하할 수도 있고요.

아이들은 무언가를 스스로 직접 해서 그것을 잘 해냈을 때 자존감이 높아집니다. 무작정 "너는 최고야." "정말 잘하는구나." "못하는 게 없네."라는 말을 한다고 아이의 자존감을 높일 수 있는 건 아니에요. 만약 지금 아들을 과보호하고 있다면, 아들은 자신의 삶에 대해 통제감을 잃어 자신감이 뚝뚝 떨어지고 있을 거예요.

세 번째로 자신이 어떤 생각을 표현했는데 그것을 무시당한 경험이 잦은 아이도 자존감이 낮을 수 있어요. 예를 들어 고민거리가 있어 털어놓았는데 "괜찮아. 별거 아니야."라는 대답을 들었다면 아들은 '안 괜찮을' 수 있습니다. 자신은 정말 심각한 고민이어서 이야기를 꺼낸 것이거든요. 별일 아니니 괜찮다고 그냥 넘기지 마세요. 그럼 아들은 자신의 마음을 엄마가 알아주지 않는다고 생각해서 마음의 벽을 세우고 엄마의 마음을 잘 받아주지 않게 될 테니까요.

엄마에게는 아들의 고민이 정말 별거 아닌 것 같은 판단이 들더라도 "고민이 많았겠구나. 혼자서 고민하느라 힘들었겠네. 자기 고민거리를 다른 사람한테 이야기하기 쉽지 않았을 텐데 큰 용기를 냈구나."와 같은 말로 아들의 고민에 깊이 공감해주세요. 그리고 함께 해결 방법을 찾아보는 겁니다. 이 과정을 통해 아들은 자신에게 주어진 상황을 회피하지 않고 해결하려는 의지를 키워나갈 수 있어요.

네 번째로 정말로 잘하는 것이 너무 없어서 자존감이 낮은 아이도 있습니다. 이 경우는 자신을 아무것도 못하는 쓸모없는 사람으로 인식하기 쉽지요. 이 경우에는 잘하고 싶은 것을 찾아서 즐겁게 할 수 있도록 도와주면 됩니다. 결국 자신감은 칭찬이나 말로 생기는 것이 아니라 스스로 뭔가를 실행해서 해낼 수 있을 때 생기고, 그래야만 의미가 있습니다.

　대체로 자존감이 낮은 아이들은 무기력해 보이는 경향이 있습니다. 이때 "넌 왜 아무 의욕이 없니?" "넌 도대체 잘하는 게 뭐니?"라고 다그치는 것은 그야말로 불난 집에 부채질하는 꼴이에요.

　자존감은 하루아침에 생겨나는 게 아닙니다. 부모와의 관계에서 신뢰를 단단히 쌓은 다음 배움의 과정을 통해 하나하나 성취하는 자기 자신을 바라보면서 스스로를 가치 있는 사람이라 느끼며 조금씩 조금씩 쌓아가는 겁니다. 생각보다 시간이 오래 걸릴 수 있으나 이 과정은 아주 중요합니다. 자존감이 강한 아이는 갈등이 생기고 역경이 닥쳐도 흔들리지 않고 잘 헤쳐나갈 수 있어요. 아들이 자존감이 낮다고 판단된다면 무엇보다 먼저 이 부분을 회복해야 합니다.

아들 마음 읽기 ✳ 자존감은 자신에게 주어진 역할을 하나하나 스스로 성취해나가면서 점점 커지고 단단해집니다. 아들이 자신의 삶을 스스로 통제하면서 성취해나갈 수 있도록 믿고 기다려주세요. 혼자서 하는 모습이 안쓰럽거나 신통치 않다고 부모가 나서서 직접 해결해주려고 하면 안 됩니다. 무조건적인 사랑을 베풀면서 응원하고 기다려주는 것이 아들의 자존감을 높이는 가장 확실한 방법이에요.

자신의 잘못을 자꾸 남 탓으로 돌리는 이유는?

스스로 선택하고 책임지는
습관이 필요해요

"아직도 숙제를 안 했어?"라고 물었을 때 "제가 딴 데 정신이 팔려서 깜빡하고 숙제를 못 했어요. 죄송해요."라고 대답하면 아들의 솔직한 마음이 기특해서라도 화가 누그러지고 말이 부드러워질 거예요. 문제는 늘 아들의 이런 대답에서 시작되지요.

"친구가 놀자고 해서 노느라 못 했어요."

"필통이 안 보여서 못 했어요."

"누나가 친구랑 전화하는 바람에 너무 시끄러워서 못 했어요."

"선생님이 숙제를 너무 많이 내줘서 짜증 나요."

처음에는 이해해보려고도 하겠지요. 타일러도 볼 테고요. 그러나 끝까지 자신의 잘못을 주변 사람이나 상황 탓으로 돌리는 아들을 보면 슬슬 화가 나서 말이 거칠어질 수밖에 없습니다. 하지만 화를 내기에 앞서 아들이 '남 탓'을 하는 원인부터 파악해보세요.

아들은 진짜로 자기 탓이 아니라고 생각할 수도 있습니다. 학교에 지각을 한 이유가 자신이 늦게 일어나 집에서 늦게 출발한 탓이 아니라 동생이 자기 가방을 만지고 있는 것을 말리는 데 시간을 썼기 때문이라고 판단하는 식이지요. 불과 1분밖에 안 걸렸어도 아들은 지각의 원인이 거기에 있다고 판단합니다.

자신의 일에 통제감이 낮은 아이일수록 이런 모습을 보입니다. 숙제를 하고 약속을 지키고 시간을 엄수하는 것은 스스로 알아서 통제해야 하는 일이에요. 그런데 통제감이 낮은 아이는 자신을 둘러싼 환경에 대해 책임지려는 노력을 기울이지 않지요. 이런 상황에서 아들에게 "동생이 무슨 잘못이니? 네가 늦게 일어나서 게으름을 피워 지각한 거지!"라고 야단친다면 아들은 진짜 억울하고 속상할 수 있어요. 감정 싸움으로 번지기 십상이지요.

이런 경우에 속한다면 아들이 자신의 일에 대해 무조건 스스로 통제하고 책임질 수 있도록 환경을 만드는 것이 중요합니다. 해야 할 숙제가 있다거나 지켜야 할 시간이 있으면 예외 없이 무조건 지키도록 하는 거예요. 아들이 혼자서 잘 못한다고 해서 도와준다면 이런 습성을 고치기 힘들어요. 남 탓을 하면서 핑계를 대는 것을 수용하는 것도 이런 습성을 더 악화시킵니다. 반드시 아들이 해야 할 일을 자기주도적으로 해결해나가는 것을 원칙으로 하되, 혼자 하기 힘든 부분이 있으면 말하도록 해서 그 부분만 엄마가 도움을 주면 됩니다.

위로받고 싶은 마음에서도 이유를 찾을 수 있습니다. 자신이 분명 잘못한 걸 잘 알고 있지만 자존심 상하고 부끄러운 마음에 일단 우기는 거예요. 엄마 아빠가 자신의 편에 서서 자신을 위로해주기를 바라고요. 이때 "이건 네가 이런저런 것들을 잘못한 거야"라고 잘못을 객관적으로 지적하면 아들은 상처 받게 돼요.

이런 기미가 보인다면 우선 아들의 이야기를 끝까지 들어주세요. "그런 일이 있었구나." "아이고!" "아, 그래?" 정도의 추임새만 넣어주면서 아들이 들려주는 말에 끝까지 귀를 기울이면 신기하게도 아들의 입에서 "다음부터는 알람을 꼭 맞춰놓고 잘게요." "동생이 책가방을 건들지 못하도록 숨겨놔야겠어요."와 같이 문제를 해결하려는 다짐이 나올 수 있어요. 이러다 보면 자연스럽게 남 탓을 하는 습성을 고치면서 자기 주도적인 면을 더욱 강화할 수 있을 겁니다.

또 다른 이유로는 좀 충격적이고 부끄러울 수 있는데요. 평소에 남 탓을 하는 부모의 영향일 수도 있습니다. 실수로 접시를 깨뜨린 건 엄마 본인이지만 "네가 너무 시끄럽게 해서 정신을 쏙 빼놓는 바람에 깨뜨렸잖아."라고 말해서 행동의 책임을 아들에게 돌리는 식으로요.

부부 사이에서도 "당신이 늑장을 부려 약속시간에 늦었잖아."라든지 "당신이 교육을 잘못해서 애가 저렇게 말을 안 듣는 거야."처럼 자꾸 배우자 탓을 하면 안 돼요. 아들에게 무언가가 생각처럼 잘되지 않을 때 남 탓을 하는 것이 가장 좋은 대처 방법이라는 인식을 줄 수 있으니까요.

남 탓을 하는 아들의 태도가 걱정되어 고쳐주고 싶다면 부부싸움도 현명하게 해야 합니다. "좀 더 부지런히 서둘렀으면 안 늦었을 텐데. 다음부터는 미리미리 준비해야겠어."라고 잘못을 인정하고 반성하는 모습을 보이는 것이지요. 물론 그다음에는 진짜 미리미리 준비해서 늦지 않는 모습을 보여줘야 하고요. 몸소 보여주는 것이 가장 현명하면서도 확실한 훈육 방법입니다.

혹시나 무심결에 아들에게 "남자가 쩨쩨하게 왜 남 탓을 해?"라는 말을 한 적이 있나요? 그렇다면 더는 하지 마세요. 이것은 일방적으로 비난하는 말이에요. 일단 남 탓을 하고 보는 것은 부족한 자신을 보호하려는 시도라고 생각하면 됩니다. 그런데 남자의 기준을 채우지 못한다는 비난은 열등감을 키우고 엄마에 대한 적대감도 키울 수 있어요.

아들이 쩨쩨해서 남 탓을 하는 게 아니라 앞에서 이야기했던 이유 중 하나로 남 탓을 하고 있는 겁니다. 일방적인 비난은 아들에게 독이 되고, 적절한 반응은 약이 될 거예요.

아들 마음 읽기 ✳ 남 탓을 하는 것은 자신에 대한 통제감이 낮아서일 수도 있고, 부끄러운 마음을 감추고 싶은 마음에 그럴 수도 있어요. 또한 평소에 남 탓을 하는 환경에 자주 노출된 것도 원인이 될 수 있어요. 아들이 어떤 이유로 자꾸만 이런저런 핑계를 대며 남 탓을 하는지 잘 파악하여 그에 알맞은 도움을 줘야 해요.

종종 남의 물건에 손을 댄다면?

수치심을 불러일으키는
훈육은 No!

서너 살 정도 된 아이들이 친구의 물건이 탐나서 슬쩍 가져오는 일은 종종 일어나곤 합니다. 이때는 아직 내 물건과 다른 사람의 물건에 대한 소유 개념이 확실치 않은 데다가, 옳고 그름에 대한 인식도 명확하지 않고 자신의 행동이 어떤 결과를 가져올지에 대해 전혀 판단이 서지 않는 시기입니다. 그런 부분에 대해 확실하게 주의를 주고 교육을 하면 충분히 해결될 수 있는 문제입니다.

하지만 초등학생이 되어서 다른 친구의 물건을 가져온다거나 엄마의 지갑에 손을 댄다면 문제가 달라집니다. 이때는 내 것이 아닌 것을 훔치는 일이라는 사실을 분명히 알고 있습니다. 그것이 옳지 않은 일이라는 것도 충분히 판단할 수 있고요. 내 잘못된 행동으로 상대방이 많이 속상해질 수 있다는 것, 많이 화가 날 수 있다는 것도 모르지 않아요.

남의 물건을 훔치는 것은 옳지 않은 행동이므로 무조건 바로잡아 줘야 합니다. 주의해야 할 점은 아들의 수치심을 너무 자극하면 안 된다는 거예요. 가령 아들을 호되게 야단쳐서 다시는 그런 행동을 할 엄두도 내지 못하게 만들어야겠다는 생각에 "이러다가 이다음에 커서 도둑놈 된다. 도대체 무슨 생각으로 이러는 거니? 너 원래 이렇게 나쁜 애였니? 엄마가 널 이렇게 키웠어?"라고 아들의 행동을 집중적으로 비난하는 경우가 그렇습니다.

이렇게 하면 아들은 너무 수치스러운 나머지 혼란스러워 반성은커녕 다음에는 어떻게 하면 들키지 않고 더 잘 훔칠 수 있을까를 생각하게 됩니다. 다른 사람 앞에서 그 문제에 대해 지적하고 훈육하는 것도 피해야 해요. 수치심이 훨씬 더 커지니까요.

도둑질 자체를 비난하지 말고 우선 아들에게 돈이 왜 필요했는지 물어보세요. 이 시기의 아이는 친구들에게 맛있는 간식이나 유행하는 물건을 사주고 환심을 얻으려 할 수 있어요. 그래서 돈이 필요했고, 자신의 용돈만으로는 부족한데 엄마에게 말해도 줄 것 같지 않아 일단 엄마 지갑에서 돈을 꺼내 간 것일 수도 있어요. 아들이 자신이 저지른 행동에 대해 솔직하게 이야기할 수 있는 환경을 만드는 것이 가장 첫 번째고 또 가장 중요합니다.

아들이 자신의 사정을 솔직하게 털어놓았다면 그다음은 필요한 돈을 어떻게 얻는 것이 바람직한지 방법을 알려주면 됩니다. 하지만 진실을 털어놓게 하는 데서 끝나면 안 되겠지요. 자신의 잘못된 선택에 대해 반드시 책임지도록 해야 해요. 만약 엄마 지갑에서 돈을 꺼내갔다면 그것을 되갚을 수 있는 계획을 함께 세워보도록 하세요. 친구의 물건을 몰래 가져왔다면 본인이 직접 그 물건을 친구에게 되돌려주도록 하고요. 아들이 어려워하면 엄마가 어떤 부분을 도와주면 될지 물어보고 도움을 요청한 부분에 대해서는 적극적으로 도와주세요. 아들이 문제를 해결하기 위해 실천한 일이 있다면 아주 작은 것이라도 격려해주고요. 아주 작은 것이라도 이런 과정을 몸소 체험하면서 옳지 않은 행동을 한 것에 대해 반성하고, 자신이 잘못한 부분을 스스로 해결해나가면서 책임감도 느낄 겁니다.

대화를 통해 아들이 진실을 털어놓기를 바랐건만, 끝까지 거짓과 기만으로 불편한 상황을 대충 넘어가려고 할 수도 있습니다. 이러면 엄마는 더 화가 나서 질책과 비난의 강도를 더 높이게 되겠지요. 이런 모습을 보이는 아이일수록 더더욱 앞에서 말한 방법을 통해 진실을 이야기할 수 있는 환경을 만들어주어야 합니다. 왜냐하면 평소에 솔직하게 말했는데 엄마에게 호되게 야단을 맞았거나 거칠게 비난을 받은 경험이 있는 아이들이 보이는 모습이거든요. 진실을 이야기했을 때 꾸중이나 비난이 아닌 격려와 위로를 받았던 경험이 있는 아이는 진실을 덮기 위해 거짓말을 하는 어려운 길을 택하지 않고 진실을 털어놓는 쉽고 바람직한 길을 택할 거예요.

아들의 잘못된 행동을 바로잡는 과정은 생각처럼 쉽지 않을 것입니다. 그럴수록 비난이나 질책이 아닌, 사랑과 신뢰를 보여줘야 합니다. 부모님의 사랑과 신뢰를 확인하면 아들은 굳이 잘못된 행동으로 엄마 아빠와의 관계를 망치려고 하지 않을 거예요.

간혹 반복적이거나 습관적으로 물건을 훔치는 아이도 있습니다. 부모나 가족으로부터 깊은 소외감이나 허전함 등을 경험한 아이들이 이런 모습을 보일 수 있어요. 도벽을 반복하여 부정적인 관심이라도 받고 싶은 마음입니다. 이때는 아이에게 한없는 사랑과 신뢰를 보여줘서 소외감과 허전함을 채워줘야 해결이 됩니다. 도벽은 심리적인 어려움으로 인한 것일 수 있으니 만약 노력을 해도 잘 해결이 안 된다면 전문가의 도움을 받는 것이 좋습니다.

아들 마음 읽기 ✳ 아들이 남의 물건을 훔쳤을 때 행위 자체를 비난하면 수치심을 안겨줘서 진실을 말하는 것을 회피하게 만듭니다. 왜 그런 행동을 했는지 편안하게 말할 수 있도록 해주면서 스스로 반성하고 책임질 수 있는 환경을 만들어줘야 합니다. 이런 과정을 통해 진실을 말하는 것이 거짓을 말하는 것보다 더 좋은 결과를 가져온다는 사실을 깨닫게 하는 것이 중요해요.

왜 아직도 자기 물건을 챙기지 못하는 걸까?

한 번에 한 가지에만 몰두하도록
진화된 아들

"우리 애는 초등학교 4학년이 되었는데 아직도 자기 물건을 제대로 챙기지 못해 큰일이에요. 엊그제 사준 게임기를 식당에 두고 오질 않나, 옷이나 모자를 학원에 두고 오질 않나."

"우리 아들은 기껏 공들여 완성한 과제물을 챙겨 가지 않아 핀잔들었다고 해요."

"저는 아들의 물건 중 뭔가 없어지면 일단 학교 분실함으로 가요. 우리 아들은 학교 분실함 단골이에요."

"그 정도면 양반이게요. 우리 애는 지난번 체험학습 때 버스 안에서 신발을 벗고 있다가 아무 생각 없이 그냥 내려서 집까지 맨발로 걸어왔더라고요. 그런데 더 충격적인 것은 집에 와서 왜 신발이 없냐고

물을 때까지 그 사실을 모르고 있었단 거예요."

덜렁이 아들을 둔 엄마들은 자기 물건을 챙기지 못해 여기저기 흘리고 다니는 모습이 도무지 이해가 안 될 거예요. 그래서 일단은 화가 나지요. 아기도 아니고 이제 제 물건 정도는 챙길 수 있을 만큼 성장했는데 그 쉽고 단순한 게 왜 안 되는 건지 받아들이기 힘드니까요. 뒤이어 내 아들은 언제까지 한심한 행동을 일삼을지에 대한 근심으로 마음이 무거워져요. 또 아들이 흘리고 다니는 물건을 엄마가 매번 챙겨주는 게 옳은 건지 혼란스럽고요.

그렇다고 해서 "너는 왜 그렇게 정신이 없니? 머리를 어디에 두고 다니니?"라고 비난하면 아이의 습관을 개선하는 데 아무런 도움이 되지 않을 뿐더러 오히려 열등감을 갖게 만들어요. 매번 물건을 잃어버리거나 해야 할 일을 놓치는 모습이 너무 답답한 나머지 일일이 옆에서 챙겨주는 것도 안 됩니다. 성인이 되어서도 자신의 물건을 챙기지 못하고 헤매는 모습을 보고 싶지 않다면 시간이 좀 더 걸리더라도 습관을 바로잡아주는 쪽을 택해야 해요.

일단 아들이 왜 이런 한심스러운 행동을 하는지 원인을 알아야 해결 방법도 찾을 수 있어요. 자기 물건을 잘 챙기지 못하는 가장 흔한 이유가 아이의 부주의함이에요. 그런데 남자아이들은 원래 그렇습니다. 우리 아들이 유난히 이상하고 부족한 게 아니에요. 인류 역사상 남자는 한 번에 한 가지 일에만 집중할 수 있도록 진화되었답니다. 남자가 해야 하는 일을 잘하도록 그렇게 진화한 거예요. 그래서 남자아이는 자신에게 중요한 일이 있으면 그것밖에 안 보이고 다른 것은 볼 줄 몰라요. 한 번에 여러 가지를 챙기고 해낼 수 있는 여자아이와는 완전히 다른 모습을 보이기 때문에 종종 비교됩니다.

남자아이들의 특징 중 하나인 산만함도 자신의 물건을 잘 챙기지 못하게 만드는 요인이 됩니다. 남자아이들의 경우 주변에서 벌어지는 자극을 탐지하고 그 자극에 반응하는 경향이 강해요. 이 모습이 여기 저기 헤집고 다니는 것처럼 보여서 남자아이는 산만하다는 인식이 굳어지고 말았지요. 하지만 이 또한 남자다운 일들을 하기 위해 진화된 특성이에요. 사냥을 하거나 적으로부터 부족을 안전하게 지키기 위해서는 주변의 자극들을 잘 탐지하도록 감각이 예민하게 열려 있어야 하는데, 이러한 특성이 현대까지 이어져 내려온 것입니다.

그야말로 자신의 물건을 잘 챙기지 못할 수밖에 없는 조건이지요. 하지만 잘 생각해보세요. 그렇게 따지면 모든 남자아이들이 다 부주의하고 산만해서 자기 물건을 잘 못 챙겨야 할 텐데 그렇지 않은 아이들도 분명 있어요. 또 성인이 되어서도 누구는 여전히 어린아이처럼 자기 물건을 잘 못 챙겨서 헤매지만 누구는 그렇지 않고요.

이 차이는 바로 '교육'의 힘입니다. 분명 남자아이들이 부주의하고 산만해 보이는 경향을 가지고 있지만 적절한 교육을 통해 부족한 부분을 채워나갈 수 있어요. 다만 짧은 시간 안에 완벽하게 변신시킬 수는 없습니다. 아주 사소한 것부터 차근차근 시작해야 합니다.

반드시 챙겨야 하는 물건을 하나하나 체크해서 스스로 챙기는 습관을 들이도록 해주세요.

"어디서든 일을 마치고 떠날 때 네 점퍼, 가방 그리고 휴대전화 이세 가지는 꼭 챙기도록 하자."

첫째, 둘째, 셋째 순으로 규칙을 정하는 것도 좋습니다.

"학교에서 집으로 돌아올 때는 첫째 휴대전화를 목에 걸고, 둘째알림장을 꼭 가방 속에 넣은 다음에, 셋째 신발주머니를 챙겨서 집으로 돌아오는 거야."

부주의하고 산만한 정도가 심할수록 챙겨야 하는 물건의 수를 적게 해서 시작해야 해요. 첫술에 배부를 수는 없으니까요. 자신의 물건을 하나하나 꼼꼼하게 챙겨 오는 습관이 자리 잡으면 가짓수를 점점 늘려가면 됩니다.

아들 마음 읽기 ✳ 아들이 자신의 물건을 잘 못 챙기고 잘 잃어버리는 것은 남자 고유의 특성 때문이에요. 사냥을 하고 부족을 지키는 일을 해야 했던 남자들은 주변 탐색에 능숙하면서도 표적을 발견하면 오직 그것에만 집중하는 특성을 발달시켜야만 했지요. 그래서 부주의하고 산만한 거예요. 비난을 하거나 일방적인 도움을 주는 것은 역효과만 생기니 사소한 것부터 하나하나 챙겨나가는 훈련을 시작해주세요.

부모가 체크해보는 아들의 주의집중력

평소 아들의 행동을 잘 관찰한 뒤 아래의 문항에 그 정도와 빈도에 따라 0~3까지 알맞게 표기해주세요. (5~16세 용)

주의력 관련 문항

1 시작한 일을 끝맺지 못한다.
0 전혀 그렇지 않다
1 그렇지 않다
2 가끔씩 또는 어느 정도 그렇다
3 매우 자주 그렇다

2 집중을 할 수 없거나 오랫동안 주의를 기울이지 못한다.
0 전혀 그렇지 않다
1 그렇지 않다
2 가끔씩 또는 어느 정도 그렇다
3 매우 자주 그렇다

3 공상을 많이 한다.
0 전혀 그렇지 않다
1 그렇지 않다
2 가끔씩 또는 어느 정도 그렇다
3 매우 자주 그렇다

4 지시를 따라 하기가 어렵다.
0 전혀 그렇지 않다
1 그렇지 않다
2 가끔씩 또는 어느 정도 그렇다
3 매우 자주 그렇다

5 일을 두서없이 장황하게 한다.
0 전혀 그렇지 않다
1 그렇지 않다
2 가끔씩 또는 어느 정도 그렇다
3 매우 자주 그렇다

6 주의가 산만하고 쉽게 생각이 흐트러진다.
0 전혀 그렇지 않다
1 그렇지 않다
2 가끔씩 또는 어느 정도 그렇다
3 매우 자주 그렇다

7 부여된 과제를 수행하지 못한다.

0 전혀 그렇지 않다

1 그렇지 않다

2 가끔씩 또는 어느 정도 그렇다

3 매우 자주 그렇다

8 조용히 앉아 있지를 못하고
과다 행동을 보인다.

0 전혀 그렇지 않다

1 그렇지 않다

2 가끔씩 또는 어느 정도 그렇다

3 매우 자주 그렇다

9 가만히 있지를 못한다.

0 전혀 그렇지 않다

1 그렇지 않다

2 가끔씩 또는 어느 정도 그렇다

3 매우 자주 그렇다

10 충동적이거나 생각없이 행동한다.

0 전혀 그렇지 않다

1 그렇지 않다

2 가끔씩 또는 어느 정도 그렇다

3 매우 자주 그렇다

11 자신의 차례가 아닌데 끼어든다.

0 전혀 그렇지 않다

1 그렇지 않다

2 가끔씩 또는 어느 정도 그렇다

3 매우 자주 그렇다

12 너무 지나치게 말을 많이 한다.

0 전혀 그렇지 않다

1 그렇지 않다

2 가끔씩 또는 어느 정도 그렇다

3 매우 자주 그렇다

결과 해석

1, 2, 5, 7, 9, 10, 12번 문항에 점수가 높았다면 주의 산만 요인입니다. 3, 4, 6, 8, 11번 문항에 점수가 높았다면 과잉 운동 요인입니다. 1, 2, 3, 6번 문항에 점수가 높았다면 산만성 요인입니다. 5, 8, 9, 12번 문항에 점수가 높았다면 과다 활동 요인입니다. 10, 11번 문항에 점수가 높았다면 충동성 요인입니다. 4, 7번 문항에 점수가 높았다면 학습 장애 요인입니다. 주의 집중력에 문제가 있는 아이들에게서 흔히 볼 수 있는 증상인데요. 너무 많이 해당된다면 전문가의 상담을 받아보는 게 좋습니다.

왜 방을 쓰레기장처럼 지저분하게 만들까?

나름대로의 정리 규칙 안에서
살고 있는 아들

엄마와 아들이 가장 많이 부딪치는 지점은 아마도 무언가를 꼼꼼하게 정리하거나 섬세하게 챙기지 못하는 모습을 지켜보고 있을 때가 아닐까 싶어요. 이것도 남자아이 특유의 기질과 관계가 있답니다. 남자아이의 뇌는 주변을 정리하거나 상대방의 기분을 살피거나 눈치껏 상황에 대처하는 일에 아주 미숙해요. 이것은 아무리 가르치고 야단쳐도 해결이 안 되는 문제지요.

그렇다고 이것을 극복하는 게 불가능한 것은 아닙니다. 여자아이들처럼 눈치껏, 알아서, 꼼꼼하게 정리하지는 못하지만 훈련을 통해서 웬만큼은 개선해나갈 수 있어요.

가장 먼저 해야 할 일은 엄마들의 마인드컨트롤입니다. '쓰레기를 그때그때 버리지 않고 왜 잔뜩 쌓아 놓는 거지?' '입었던 옷을 바구니에 넣는 것이 어렵나?'라는 마음은 일단 접으세요. 아들이 자기 주변 정리를 잘 못하는 것은 게을러서가 아니라 방법을 모르거나 꼼꼼하게 조직화하는 일을 어려워해서 그럴 수도 있습니다.

아들은 의외로 자신만의 정리 규칙으로 자신의 물건들을 이리저리 정렬해놓고 있을 수도 있어요. 엄마가 보기에는 당최 이해가 안 가더라도 아들은 저 물건이 이 자리에 있고 이 물건이 저 자리에 있는 게 더 당연하고 편안하게 느껴져서 그렇게 놓아둔 것일지도 모릅니다. 지적하고 지시한다면 아들은 또 엄마의 참견이 지겨워서 귀를 닫아버리겠지요. 일단은 아들이 세운 나름대로의 정리 규칙이 있는지 먼저 파악해본 뒤 그렇다고 여겨진다면 그 부분에 대해서는 적극적으로 존중해주는 것이 좋습니다.

한편 그냥 정리를 안 하는 것이거나 어디에서부터 어떻게 정리해야 할지를 몰라 못하는 것이라면 엄마가 약간의 도움을 주면 됩니다. 이때도 차근차근 하나하나 시작해야 해요. 수학 문제로 예를 들자면 아직 곱셈이 안 되는 아들에게 방정식을 풀어보라고 할 수는 없잖아요. 왜 방정식을 못 푸느냐고 나무라는 것은 억지가 되겠지요. 쉬운 것부터 시작해주세요. 아들에게 입었던 옷은 세탁실에 있는 세탁바구니에 넣어두라고 했는데 아들이 그 규칙을 잘 지키지 못하고 자꾸 방 안에 아무렇게나 벗어놓는다면 아들의 방에 별도의 바구니를 두고 그 안에 빨 옷을 담아둘 수 있도록 해주세요.

책상 정리를 할 때도 구체적으로 방법을 알려주세요. 책상 정리는 토요일 오전 10시부터 11시 사이에 해야 하는 것이라고 정확한 일정을 정한 뒤, 책상 정리를 할 때는 비닐봉지 한 장과 물티슈 갖고 시작하도록 하는 식입니다. 각각의 물건들이 자리해야 하는 위치도 일일이 정해주는 것이 좋아요.

처음에는 엄마가 시범을 보여주고, 그다음은 아들과 함께 해봐요. 그러고 나서 아들 혼자 해볼 수 있도록 한 뒤, 혼자 정리한 부분에 대해 부족한 부분이나 더 필요한 부분이 있는지 이야기를 나누는 게 가장 적절한 순서예요. 어느 정도 됐다 싶으면 아들 혼자 모든 것을 책임지고 할 수 있도록 하면 됩니다.

이 훈련이 효과를 거두기 위해서는 반드시 전제되어야 할 게 있어요. 엄마 방이 깔끔해야 해요. 엄마 눈에는 돼지우리 같아 보일지 몰라도 아들은 자신만의 방식으로 어질러져 있는 방이 더 아늑하고 편안하게 느껴질지도 몰라요. 하지만 깨끗하게 정리되어 있고 필요한 물건이 제자리에 놓여 있는 엄마 방을 계속 보다 보면 깨끗하고 정리된 방이 더 좋다는 것을 깨닫게 됩니다. 백문이 불여일견인 셈이지요.

혼자 앞가림할 만큼은 큰 것 같은데 자기 주변을 정리하지 못해 이렇게까지 일일이 간섭하고 신경 쓰게 만드는 아들에게 원망스러운 마음이 든다면 얼른 거두세요. 왜냐하면 정리정돈은 계획된 훈련에 의한 습관이기 때문이에요. 이 훈련은 유아기 때부터 이루어져야 하는데, 학령기 아들이 정리정돈 습관을 들이지 못했다면 유아기 때부터 적절한 훈련을 받지 못한 거예요. 가르침은 이제라도 늦지 않습니다. 물론 굳어진 습관을 돌이키는 데는 항상 그 이상의 시간이 걸리지만 하면 되는 건 확실합니다.

해도 해도 끝이 없는 게 집안 살림이라고 하지만, 아들을 키우는 집에서는 하루 종일 아들 뒤치다꺼리를 하느라 더더욱 끝이 보이질 않을 겁니다. 그중에서도 특히나 난도가 높은 것은 두말할 것도 없이 아들이 어질러놓은 것을 치우는 일이라 할 수 있겠고요. 그래서 지치고, 그래서 아들이 미워질 수도 있겠지만 아들을 질책하고 아들과 실랑이를 벌이는 것은 에너지만 낭비하는 일이에요. 그 에너지를 아들에게 정리하는 방법을 가르쳐주는 데 써 보세요. 처음에는 힘들겠지만 자리 잡고 나면 아들 뒤치다꺼리에서 해방될 날이 곧 올 겁니다. 일종의 투자인 셈이지요.

아들 마음 읽기 ✳ 남자아이의 뇌는 주변을 정리하는 데 아주 미숙합니다. 그래서 일방적으로 지시하고 야단친다고 해결되지 않아요. 적절한 훈련이 필요합니다. 쉬운 것부터 차례대로, 매우 구체적으로 알려줘야 효과가 있어요. 엄마가 시범을 보이는 것도 좋고 깨끗하게 정리된 엄마 방을 보여주면서 정돈된 방의 장점을 스스로 깨달을 수 있도록 하는 것도 좋아요.

여자아이들 때문에 학교 가기 싫다고 할 때는?

여자라서? 성에 대한
고정관념 깨뜨리기

요즘은 여자아이들이 훨씬 드세다고 푸념하는 아들 엄마들이 늘었습니다.

"여자아이들이 괜히 건드리고 도망간대요. 약 올라서 쫓아가 때리기라도 하면 선생님한테 일러서 오히려 자기가 혼난다고 해요."

"요즘에는 여자아이들이 그렇게 욕을 잘한다더라고요."

"똑같이 싸워도 여자아이들은 말을 잘하니까 선생님한테 이런저런 핑계를 대서 잘 빠져나가는데 우리 아들은 아무 대처를 못해 결국은 가해자가 되어버리더라고요."

"같은 모둠인 여자아이가 이거 해라 저거 해라 명령하듯이 잔소리를 해서 짜증나 죽겠대요."

푸념 끝에 덧붙이는 말이 있어요.

"담임선생님도 죄다 여자여서 여자아이들 편만 든다네요."

하지만 딸 엄마들도 남자아이들에 대해 어려움을 토로하기는 마찬가지예요. 극성맞은 남자아이 때문에 딸이 울면서 집에 와서 속상하다, 모둠활동을 할 때 남자아이들이 장난만 쳐서 딸이 힘들어한다, 남자 짝꿍이 별일도 아닌 것 가지고 시도 때도 없이 놀려대서 속상해한다는 딸 엄마도 많거든요.

말썽을 부리고 친구들을 괴롭히는 남자아이들이 있는 것처럼 그런 여자아이들도 있는 거예요. 이 문제는 남녀를 떠나서 '장난이 너무 지나친 아이 때문에 내 아이가 힘들어한다'는 생각으로 해결 방법을 모색해야 합니다.

아들은 지금 자신을 괴롭히거나 귀찮게 하거나 통제하려는 사람이 싫은 것입니다. 그 상대가 여자아이인 것을 유난히 더 싫어하는 이유는 여자아이에 대한 기대와 고정관념이 있기 때문이고요. 여자답지 못하고 극성스럽게 구는 것에 불쾌감을 느끼는 것이지요.

그렇다면 여자다운 것이 무엇일까요? 조용하고 얌전한 것이요? 참고 기다리고 양보하는 것이요? 상냥하고 따뜻하게 말하는 것이요? 여자아이도 남자아이 못지않게 활발하고 힘이 세고 자기주장이 강하며 통제에 대한 욕구가 높을 수 있습니다. 남자아이가 여자아이보다 더 주도적이고 활발하다는 연구 결과는 없어요.

이런 기대와 고정관념은 대부분 부모의 영향으로 형성됩니다. 혹시 엄마 혹은 아빠가 여자는 이래야 한다, 남자는 저래야 한다는 고정관념이 섞인 말을 습관적으로 하지는 않았을까요? 부부의 대화에서 여자와 남자를 차별하는 말이 오가지는 않았을까요? 여자아이 때문에 학교 가기 싫다는 아들의 문제를 해결하기 위해서도 그렇지만 올바른 성평등 교육을 위해서라도 이런 말은 아예 하지 않는 것이 좋습니다.

그 대신 단체생활에서 다른 사람과 부딪히거나 통제받는 것을 괴로워하는 아들의 마음을 위로해주면 됩니다. 일단 고통스러운 상황을 인정하고 공감해주세요. 이때 절대로 '여자'라는 주제를 등장시키지 말아야 합니다. 그냥 '그 아이'가 너에게 왜 그러는지 의도를 잘 생각해보라고 하면 됩니다. 그러면서 단체생활이나 사회생활을 하다 보면 그런 사람이 있다는 것을 알려주고 어떻게 대처하는 것이 좋은지에 대해서도 알려주세요. 조용히 피하는 방법도 있겠고 그렇게 하면 싫다는 뜻을 상대방이 수치스러워하지 않는 선에서 얘기하는 방법도 있겠지요.

아들 마음 읽기 ✳ 여자아이 때문에 힘들다고 하지만 사실은 자신을 귀찮게 하고 통제하려고 하는 친구가 싫은 거예요. '여자아이'라고 딱 못박아 이야기하는 것은 평소에 여자다움에 대한 기대와 고정관념이 있는데 그것처럼 행동하지 않는 아이에 대해 불쾌감이나 거부감을 느끼기 때문이에요. 평소 가정에서 은연중에 '남자다움'과 '여자다움'에 대해 이야기한 것은 아닌지요. '여자'라는 주제를 등장시키지 말고 자신을 귀찮게 하는 아이에게 대처하는 적절한 방법을 알려주면 됩니다.

왜 자꾸 친구들을 툭툭 때릴까?

절대로 용납해서는 안 될 문제행동, 폭력

만약 아들이 친구들에게 폭력적인 행동을 한다면 절대 하면 안 된다는 것을 당장 알려줘야 해요. 그것은 부모의 의무예요. 가볍게 장난처럼 툭툭 치는 것이라도 허용하면 안 됩니다.

우리는 남자아이가 두려움이나 슬픔 같은 약한 정서를 표현하도록 허용하는 데 인색한 반면, 분노를 표현하도록 허용하는 데는 후한 편입니다. 여자아이와는 좀 다른 양상이지요.

이런 이유로 남자아이는 슬프고 두려운 일이 생기면 여자아이들보다 적응이 느리고 표현이 서툰 반면, 분노의 감정을 공격적으로 발산하는 데에는 익숙한 편이에요. 정도가 심한 경우 다른 사람을 괴롭혀서 원하는 것을 얻을 수 있다고 생각하는 아이도 있고, 친구들에게 폭력을 휘두르면서 왜곡된 자신감을 얻는 아이도 있습니다. 다른 사람들이 아프고 괴로워하는 모습을 보면서 즐거움을 느끼는 아이도 있고요. 마음이 상당히 망가져 있는 상태라고 할 수 있어요.

공격적인 아이들은 크게 '도발적 공격자'와 '반응적 공격자'로 나뉩니다. 도발적 공격자는 원하는 것을 얻기 위해서, 혹은 특정한 보상이나 자신감을 얻기 위해 먼저 공격합니다. 이런 아이들은 영향력을 행사하기 위해 강압적인 방식으로 다른 사람을 복종시키는 특징이 있어요. 도발적 공격자는 폭력을 휘두를 때 행복감과 쾌감을 느낀다고 해요.

반응적 공격자는 다른 사람에게 당한 어떤 것에 대한 반응으로 공격성을 표출합니다. 다른 사람들이 자신을 무시하고 괴롭힌다고 생각하기 때문에 적대적이고 보복적인 공격성을 상당히 높게 표출하면서 우울적 성향이 높고 애정 욕구가 강한 특징이 있어요. 누군가에게 앙심을 갖고 있다가 생각지 않게 큰 사고를 내는 경우도 있지요.

둘 다 문제이지만 각각 원인과 해결 방법이 다릅니다. 먼저 옆의 체크리스트를 통해 아들이 어느 경우에 속하는지 확인해주세요.

도발적 공격자는 폭력적 행동의 효과에 대한 잘못된 신념 때문에 생깁니다. 이것은 아이의 문제인 동시에 부모의 문제입니다. 폭력에 대해 아무렇지 않게 생각하는 왜곡된 생각과 행동 습관은 양육환경을 통해 만들어지니까요. 부모가 그동안의 행동을 되돌아보면서 처음부터 다시 가르쳐줘야 해요.

부모가 체크해보는 아들의 공격 유형

1   다른 아이들을 지배하기 위해 힘을 사용해 위협한다. ☐

2   바라는 것을 얻기 위해 다른 아이들을 위협하거나 괴롭힌다. ☐

3   다른 아이들을 끌어들여서 집단으로 자신이 좋아하지 않는 친구를
     괴롭힌다. ☐

4   반 친구가 잘못해서 아이를 다치게 했을 때(가령 그 아이와 부딪힌 경우)
     동료가 일부러 그렇게 했다고 생각하기 때문에, 화를 내며 싸우려 드는
     과민 반응을 보인다. ☐

5   괴롭힘이나 위협을 당할 때 쉽게 화를 내고 반격을 가한다. ☐

6   언제나 싸움을 다른 아이의 탓이라고 주장하고 그들이 먼저 모든 문제를
     일으켰다고 느낀다. ☐

결과 해석

1, 2, 3번에 해당되면 도발적 공격자이고 4, 5, 6번에 해당되면 반응적 공격자입니다.

혹시 아들에게 체벌을 가하고 있다면 당장 멈춰야 합니다. 체벌을 당하면서 자란 아이들은 '맞으니까 말을 듣는구나.'라는 생각을 온몸에 저장하게 됩니다. 다른 사람을 통제하고 싶거나 원하는 것을 얻고자 할 때 '맞으면 내가 시키는 대로 하겠지?'라는 생각이 들어 자연스럽게 폭력적인 행동을 하지요. 툭툭 건드리거나 꼬집는 행동도 하면 안 돼요. 이런 것조차 아이는 쉽게 모방합니다.

아들이 좌절이나 분노 에너지가 많은 편이라면 운동과 같은 신체

활동을 통해 풀어주세요. 집에 샌드백을 두는 것도 좋고, 운동 프로그램에 참여해서 부족한 분노 조절 능력을 키울 수 있도록 하는 것도 필요합니다. 대화를 나누는 시간을 자주 마련해서 혼란스러운 에너지를 다스릴 수 있는 감정 코칭도 해주세요. 폭력을 통해 상대방에게 강제로 무언가를 얻어내는 것은 정당하고 용기 있는 행동이 아니라는 것을 확실하게 알려줘야 합니다.

반응적 공격자는 다른 사람의 의도를 잘못 해석하거나 눈치가 없는 경우가 많습니다. 애매한 상황에서도 공격을 당했다고 잘못 생각하기도 하고 다른 사람이 자신을 미워한다고 오해하는 경우도 있지요. 사람이 많아서 몸이 부딪칠 수밖에 없는 상황에서도 상대방이 자신을 일부러 밀쳤다고 생각하는 식으로요. 이것을 참는 힘이 매우 부족하기 때문에 적대적인 공격성을 표출하고야 말아요. 도발적 공격자와는 다르게 공격성을 표출하는 것이 즐겁거나 재미있지 않고 오히려 큰 스트레스를 받습니다. 스트레스 상황을 해결하기 위해 폭력을 썼는데 그 과정에서 더 스트레스를 받으니 얼마나 고통스럽겠어요.

반응적 공격자는 다른 사람의 의도를 정확하게 파악하고 긍정적으로 반응하는 연습이 필요합니다. 반응적 공격성을 띠는 사람은 어떤 상황이 발생했을 때 일단 나쁜 생각부터 하게 됩니다. 예를 들어 오랜만에 만난 친구가 반가운 마음에 어깨를 치면서 인사를 했을 때 반응적 공격성이 있는 경우라면 자신을 때린 것으로 간주해요. 반가워서 아는 척을 한 것이라는 사실을 엄마가 알려줘야 해요.

자기 분노를 잘 조절하는 연습도 필요합니다. 화났을 때 참고 조절하는 능력을 키워주기 위해 심호흡을 5번 정도 할 것을 제안하거나, 1부터 10까지 세어보도록 제안해보세요. 잠시만 감정을 조절할 수 있어도 폭력적인 행동을 막을 수 있는데, 그때 시도해볼 수 있는 가장 쉬운 방법들입니다.

상대방의 행동에 대해 불쾌한 감정을 느꼈다는 것을 말로 표현하는 연습도 필요해요. "왜 때리냐? 너 죽을래?"라는 말 대신 "나도 너를 만나서 반갑지만 다음부터는 반가운 마음을 말로 표현해주었으면 좋겠어."라고 말하는 것이 올바른 의사소통 방법이라는 것을 아들이 알아야 해요.

어렸을 때 공격적이었던 아이가 제대로 된 교육을 받지 못하면 공격적인 성인으로 성장할 가능성이 매우 높습니다. 폭력은 그 어떤 이유로도 정당화할 수 없다는 사실을 지금이라도 아들에게 꼭 알려줘야 해요.

아들 마음 읽기 ✳ 아들이 친구들에게 폭력을 휘두르는 것은 심각하게 생각해야 할 문제예요. 남자아이들이 분노를 표출하는 것은 어느 정도 수용해주는 경향이 있기 때문에 그것이 공격성을 부추기곤 합니다. 공격적인 아이가 공격적인 성인이 될 수 있어요. 도발적 공격자와 반응적 공격자는 폭력을 보이는 양상이나 도움을 줄 수 있는 방법이 다르니 체크리스트를 통해 아들이 어느 유형인지 먼저 확인해보세요.

동생이랑 자주 다투고 폭력까지 쓴다면?

지나치지 않다면
모르는 척하는 게 약

자녀들끼리 싸움이 시작되면 부모는 공정한 판사가 되어 아이들의 잘잘못을 공평하게 판단해주고 올바른 대가를 치르게 한 다음 아름답게 화해시켜주고 싶은 마음이 듭니다만, 현실은 전혀 그렇지 못하지요. 아이들은 이성과 논리, 규칙은 온데간데없이 무조건 이 난리통의 책임을 상대방에게 떠넘기기 바쁘니까요. 제발 엄마 아빠가 상대가 아닌 내 편이 되어주기를 바라며 상대를 헐뜯기 바쁘고요.

부모가 어설프게 개입했다가는 모두에게 상처를 남기는 결과를 초래할 수도 있으니 그냥 개입하지 않는 게 더 좋습니다. 물론 부모로서 갈등을 현명하고 올바르게 해결해나가는 과정을 알려주고 싶은 마음이 생기겠지만 인간관계의 기술은 실제적 경험을 통해서 길러지는 것이에요. 가정은 엄마 아빠라는 중재자가 있는 상황이므로 매우 안전한 환경을 갖추고 있어요. 그 안에서 어떻게 갈등을 해결하고 타협하는 것이 맞는지 아이들이 스스로 터득하게 하면서 인간관계의 기술을 키워나갈 수 있도록 해주세요.

특히나 형제간의 싸움이나 약간의 공격적인 행동들은 자연스럽게 받아들일 필요가 있어요. 이것은 남자아이들이 긴장을 완화하거나 자기 권한을 지키기 위해서 시도하는 원시적인 방법이거든요. 남자아이들은 이 과정을 통해 싸움의 규칙이나 전략을 배울 수도 있습니다. 그러니 너무 공격적이지 않다면 형제끼리 해결하도록 지켜보는 것이 좋습니다.

그냥 아이들이 어떻게 싸우고 있는지 내용을 듣지 않은 채 "엄마는 듣고 싶지 않아. 너희 둘이 해결해봐."라고 이야기하면 됩니다. 아이들이 "형이 자꾸 내 것을 허락 없이 만져."라고 말하면서 도움을 요청할 때도 "어쩌면 좋지. 큰일이네." 정도로 호응해주면 됩니다.

하지만 폭력성이 짙어지면 반드시 개입을 해야겠지요. 형이 동생에게 너무 공격적인 모습을 보여서 걱정이라면 다른 사람을 폭력으로 굴복시켜 자신감을 얻는 것이 얼마나 어리석은 일인지를 가르쳐야 합니다. 앞에서 친구들에게 폭력을 휘두르는 원인을 도발적 공격자와 반응적 공격자로 나누어 설명했는데, 형이 동생에게 폭력을 휘두르는 것도 같은 의미에서 접근하면 됩니다. 폭력을 통해 동생을 통제할 수 있다는 생각에 자신의 힘을 과시하고 있는 상태거든요. 아들이 원하는 것을 얻기 위해 폭력을 쓰지 않도록 부모가 적절하게 지도해주어야 합니다.

형제나 남매가 성향이 매우 다를 수도 있고 서로를 미워할 수도 있음을 인정할 필요가 있어요. 서로를 미워하는 이유는 너무 많아서 일일이 열거할 수 없을 정도지요. 하지만 미워하는 마음을 폭력으로 표현하는 것은 막아야 합니다. 누가 밉더라도 예의를 지켜야 한다는 사실을 알려주어야 해요.

아들이 잘못했을 때 체벌을 하고 있다면 중지해주세요. 체벌은 아이의 공격성을 증가시키는 원인이 됩니다. 폭력으로 상대방을 통제할 수 있다는 왜곡된 생각을 심어주거든요. 형제나 남매 사이에 갈등 상황이 발생했을 때 아이들이 서로 폭력을 사용하지 않고 평화롭게 해결하기를 바란다면, 부모와 자녀 사이에 갈등 상황이 발생했을 때 그렇게 해결하는 모습을 먼저 보여주어야 합니다.

아들 마음 읽기 ✳ 형제끼리는 긴장감을 완화하거나 자기 권한을 지키기 위해 공격적인 행동을 하기도 합니다. 너무 심하지 않다면 지켜보면서 아이들끼리 해결할 수 있도록 해주세요. 하지만 폭력의 정도가 짙어진다면 부모의 개입이 필요합니다. 상대방으로부터 원하는 것을 얻기 위해 폭력을 쓰지 않도록 단호히 지도해주세요. 폭력이 현명한 해결 방식이 아님을 알려주기 위해서는 부모가 먼저 갈등 상황을 평화롭게 해결하는 모습을 보여줘야 합니다.

엄마인 나를 무시해서 자존심이 상할 때는?

엄마의 마음부터 점검하기

열 달 동안 온갖 감동이란 감동은 다 경험하면서 품어 키우고, 죽을 것만 같은 고통을 참아가며 세상에 내놓고, 잠도 못 자고 진자리 마른자리 갈아 누이며 이때까지 보살핀 아들이 엄마를 존중하지 않고 엄마가 무슨 말을 해도 귓등으로도 안 듣는다면 말로 표현할 수 없을 만큼 허망함이 크겠지요. 하지만 걱정 안 해도 됩니다. 관계 개선을 위해 노력을 기울이다 보면 얼마든지 회복할 수 있으니까요.

일단 아들이 엄마를 무시하는 이유부터 찾아야겠지요. 우선 그냥 기분 탓일 수 있습니다. 학령기 남자아이들은 자기중심적이어서 다른 사람들의 말을 섬세하게 듣지 않고 자기 할 일에만 몰두하는 경향이 있거든요. 엄마 말을 무시해서 들은 척도 안 하는 건가 상처받지 말고

'남자아이'라 그러려니 생각하면 됩니다.

이제 나는 다 컸다는 생각에 엄마의 통제를 벗어나고자 하는 시도일 수도 있어요. 나는 이제 다 컸으니 엄마가 시키는 것을 무조건 따르지 않고 내 뜻대로 행동하겠다는 의지를 그런 식으로 표현하는 것이지요. 어떤 엄마는 그럴 수도 있으려니 생각하며 넘어가지만 자격지심이 크거나 불안감이 높은 엄마는 아들에게 무시당했다는 생각에 마음이 상할 수 있어요.

위의 두 가지 상황이라면 성장 과정 중에 보일 수 있는 자연스러운 모습이기 때문에 크게 문제가 될 게 없습니다. 아들이 좀 더 엄마말에 귀를 기울이고 자신의 생각을 섬세하게 말할 수 있도록 도움을 주면 돼요.

엄마의 양육 태도를 되돌아봐야 하는 상황도 있어요. 섭섭하게 들릴지 모르겠지만, 지금 아들이 엄마를 무시하고 있다는 생각이 든다면 그 원인을 엄마의 양육 태도에서 찾아보는 것이 가장 빠릅니다. 단호해야 하는 상황에서는 자신감과 효능감을 바탕으로 한없이 단호해지고, 사랑을 줘야 하는 상황에서는 한없이 따뜻하게 사랑해주면 절대로 엄마를 무시하는 일은 없으니까요.

평소에 일관성 없는 양육 태도를 가지고 있는지 생각해보세요. 일관성 없는 양육 태도는 아들이 엄마의 말을 듣는 둥 마는 둥 하게 만드는 원인이 될 수 있어요. 이 일을 언제까지 어떻게 하지 않으면 엄마에게 야단을 맞고 최선을 다해 잘 해낸다면 엄마에게 칭찬을 받는다는 것을 확실하게 인지하고 있다면 엄마 말을 잘 들을 수밖에 없어요. 왜냐하면 모든 아이들은 긍정적인 상호작용을 좋아하여 사랑받고 칭찬받는 쪽을 선택하고 싶어 하기 때문이에요. 아들이 해야 할 일을 하지 않아 야단을 칠 때나 해야 할 일을 잘해 칭찬할 때, 일관성이 있었는지 되돌아보길 바랍니다.

엄마가 얘기하면 별 소용이 없으니까 아들이 무섭게 생각하는 아빠에게 훈육을 떠넘기는 것도 아들이 엄마 말을 안 듣는 상황을 야기합니다. 아들에게 아빠는 약간의 경쟁 대상일 수 있어요. 아빠에게 자신의 문제를 고발해버리면 엄마가 무능하게 느껴지기도 하고 불신감도 생겨 엄마와 대화하기를 꺼려하겠지요. 게다가 아빠가 야단이라도 치면 아빠와의 사이도 나빠지고요.

엄마의 자신감 없는 양육 태도가 문제가 될 수도 있어요. 어릴 때는 이것저것 다 도와주고 잘 해내는 엄마가 원더우먼처럼 느껴질 거예요. 하지만 성장하면서 힘없고 부족한 엄마의 실체를 보면서 실망하게 되지요. 엄마가 스트레스 상황일 때는 일관적이지 못한 양육 태도를 보일 수 있는데 이 또한 아들에게 실망감을 안겨주는 계기가 될 수 있고요.

이때는 오히려 힘센 아들을 강하게 통제하려고 하기보다 엄마도 부족한 점이 있고 때로는 힘들고 어려움을 느끼는 경우가 있음을 당당하고 솔직하게 보여주는 것이 더 좋습니다. 그러면서 아들에게 엄마가 힘들 때 좀 도와주고 엄마의 부족한 부분을 채워줬으면 좋겠다고 요청하세요. 엄마로부터 유능함을 인정받은 아들은 엄마를 경멸하고 무시하는 행동을 하지 않을 거예요.

부부끼리 서로를 무시하는 대화를 한 적이 있다면 이 또한 영향을 끼쳤을 수도 있습니다. 특히 아빠가 엄마를 무시하는 태도가 아들에게까지 전달되어 아빠처럼 행동하게 만들었을지도 몰라요. 다시는 그런 행동을 하지 않기로 부부끼리 다짐해주세요. 서로 도움을 주고 존중하면서 아들에게 모범을 보여주세요. 아이를 키우면서 내가 얼마나 스트레스를 받고 있는지 다음의 문항을 체크해보는 것도 도움이 됩니다.

---

check up!

부모 역할 스트레스 체크리스트

육아를 하며 느낀 점을 생각해보고 아래의 문항에 ○×로 답해보세요.

1 나는 부모로서의 내 역할이 행복하지 않다.
2 내 자녀(들)를 돌보는 일은 필요 이상으로 많은 시간과 에너지를 필요로 한다.
3 나는 내가 나의 자녀(들)를 위해 충분히 해주고 있는지 걱정된다.
4 나는 자녀와 가깝게 느껴지지 않는다.
5 나는 자녀(들)와 시간을 보내는 것이 즐겁지 않다.
6 나의 애정의 중요한 원천은 자녀가 아니다.
7 자녀를 갖는 것은 나의 미래를 비관적으로 만드는 것이다.
8 내 생활 스트레스의 주된 근원은 나의 자녀(들)이다.
9 자녀(들)를 키운다는 것은 내 삶의 융통성을 뺏기는 것이다.
10 자녀(들)를 키운다는 것은 경제적으로 큰 부담이었다.

11 내 자녀(들)로 인해 다른 책임들과 균형을 맞추는 것이 어렵다.

12 내 자녀의 행동은 종종 나를 난처하게 만들거나 긴장시킨다.

13 과거로 돌아간다면 나는 아이를 갖지 않을 것이다.

14 나는 부모라는 책임감을 감당하기가 어렵게 느껴진다.

15 나는 부모로서 내 삶이 만족스럽지 않다.

16 내 자녀의 삶이 행복하지 않은 것 같이 느껴진다.

결과 해석

○로 체크되는 문항이 많을수록 스트레스가 높음을 나타냅니다. 스트레스가 높게 나타났을 경우에는 부모도 각자 자기만의 방법으로 스트레스 탈출구를 찾아야 합니다. 운동, 수다, 기도, 쇼핑 등으로 풀어보세요. 이 같은 활동으로 마음이 어느 정도 가라앉으면 내가 부모로서 가진 잘못된 신념이나 소망, 욕심 등을 바람직하게 바꾸려고 노력해야 합니다.

출처: Berry, J. O., & Jones, W. H. (1995). The Parental Stress Scale: Initial psychometric evidence. Journal of Social and Personal Relationships, 12, 463-472.

아들 마음 읽기 ✳ 아들이 엄마를 무시하는 태도를 보인다면 남자아이 특유의 무심함 때문인지를 먼저 확인해보세요. 조금 컸다고 어른 대접을 받고 싶어 엄마의 통제를 벗어나려고 하는 것은 아닌지도 확인해보고요. 이런 경우는 아들이 좀 더 섬세한 태도로 대화에 임할 수 있도록 도움을 주면 됩니다. 하지만 평소 엄마의 무기력하고 일관성 없는 양육 태도로 인해 야기된 상황이라면 이런 부분을 해소하기 위해 노력해야 합니다.

＊

엄마의 '분노'

'분노'라는 말만 들어도 폭력적이고 파괴적인 상황이 떠올라 별로 유쾌하지 않지요? 그런데 분노는 자기주장을 할 때 용기를 내고 자신이 하고자 하는 일을 해내기 위해 힘차게 노력할 때 필요한 정서적 에너지입니다. 사람은 원하는 것이 이루어지지 않았을 때 내가 다시 주장하고 힘을 쓰면 그것이 잘 될 수 있을 것 같다는 믿음이 들 때 분노를 느낍니다. 사람에게 분노가 없다면 작은 좌절에도 금세 지치고 포기하는 상황이 반복되겠지요.

다시 말해 분노 자체는 절대로 표출해서는 안 되는 정서가 아니에요. 반드시 마음속에서 없애야 할 정서도 아닙니다. 오히려 용감하게 도전하고 목표를 달성하기 위해 노력하는 데 꼭 필요한 정서지요. 다만 그것을 표현하는 방식에 문제가 있어 '분노' 하면 대부분 나쁘게 받아들이는 거예요.

아들을 키우면서 엄마는 아이가 말을 듣지 않을 때 분노를 느낍니다. 아들이 내 말을 잘 따라주면 내가 아들을 조절하여 잘되게 할 수 있을 것 같은데, 그것이 마음대로 안 되니까 화가 치밀고 짜증이 나면서 분노가 폭발하는 것이지요. 그러다가 스스로 분노를 조절하지 못하고 "너, 이것밖에 못하겠니?", "너 바보야?", "너는 정말 구제불능이야."와 같은 하지 말아야 할 말까지 서슴지 않게 됩니다. 엄마의 격한 분노는 시간이 지나면 사라지지만 엄마의 말에 상처받은 아들의 마음은 오랜 시간이 지나도 아물지 않아요. 스스로를 구제 불능 바보로 평가하여 자신감을 잃고 자존감이 낮아지기도 하고요.

무서운 복수를 하게 만들 수도 있습니다. 힘없고 능력 없는 어린아이가 엄마를 상대로 할 수 있는 가장 무서운 복수가 무엇일까요? 엄마의 행동이 너무 싫고 틀렸다는 것을 몸소 보여주는 것이겠지요. 그래서 스스로를 망치는 길을 택할 수도 있습니다.

잠언 29장 11절에 'A fool utters all his mind, but a wise man keeps it in till afterwards.(어리석은 자는 자기의 분노를 드러내지만, 지혜로운 자는 분노를 다스린다.)'라는 문장이 있어요. 지혜로운 엄마가 되려면 반드시 아들에 대한 분노를 조절할 수 있어야 합니다. 그러기 위해서는 무엇보다 먼저 내가 아들을 통제할 수 있다는 생각, 내가 아들을 바꿀 수 있다는 생각부터 버려야 해요. 통제하면 절대로 아들을 원하는 방향으로 바꿀 수 없습니다.

분노의 에너지는 아들을 더 잘 보살피는 데에만 사용하면 됩니다. 다른 사용은 아들과의 관계를 망치는 연료 역할만 할 뿐이에요. 아들과의 관계에서 분노가 느껴져서 참을 수 없을 것 같을 때는 최대한 아들로부터 멀어지세요. 사우나도 좋고 쇼핑도 좋고 운동이나 지인들과의 수다를 통해 마음을 진정하는 거예요. 종교가 있다면 기도도 좋습니다. 일단 감정을 다스려서 마음의 여유를 되찾아야 문제를 해결할 수 있는 진짜 열쇠가 보인답니다.

엄마
마음챙김
02

엄마가 기다려줘야 할
아들의 행동

아들이 성장하면서 엄마 마음도 조급해지게 마련입니다.
이맘때 엄마들의 고민 중 시간이 해결해주는 것들을 모았습니다.

아들 엄마의 고민

욕을 지나치게 많이 하는 것 같아 걱정이라면?

남들 앞에서 약해 보이고 싶지 않은
아들 마음 들여다보기

아들을 키우려면 어느 정도 '욕'에 대해 면역력이 있어야 합니다. 아이들은 성장하면서 자연스럽게 욕에 노출되다보니 극소수의 아이를 제외하고는 대부분 욕을 하게 됩니다. 빈도가 많고 적고, 정도가 심하고 약하고의 차이일 뿐이지요.

아들은 듣기 거북하고 저속해 보이기까지 하는 욕을 도대체 왜 아무 거리낌 없이 하는 걸까요? 아이가 욕을 하는 이유는 상대방에게 자신의 화난 감정을 전달하기 위해서입니다. 학령기 초기의 아이들은 자기가 하고 있는 욕이 무슨 뜻인지 정확히는 몰라도 그 의미는 대충 이해하고 있어요. 다툼이 일어났을 때 상대방에게 모욕감을 줄 수 있는 아주 간단하면서 확실한 수단이 되는 셈이지요.

상대방에게 약해 보이지 않기 위해서도 욕을 합니다. 내가 약해서 너에게 직접 맞설 수는 없지만 내가 쉽게 너에게 당하고 있지만은 않겠다는 의지와 자율성을 보여주기 위함이지요.

그냥 재미로 하는 경우도 있습니다. 욕을 하는 게 나쁘다는 건 아이도 잘 알고 있어요. 하지 말아야 하는 것을 몰래 하는 재미를 즐기는 거예요. 나는 다 컸고 강하니 욕을 할 줄 안다는 자부심도 한몫 차지할 테고요.

학령기 남자아이들이 욕을 하는 건 다른 아이들이 하니까 따라 하는 경우가 대부분입니다. 욕을 따라 하다 보면 또래 집단에 낄 수 있고 또 힘이 세진 듯 느껴지기도 하겠지요. 이런 아이의 마음을 이해해주는 것이 먼저입니다. 아들의 마음을 어느 정도 인정해주면서 규칙을 정해주세요. "욕을 하는 것은 상대방을 무시하고 모욕을 주고 싶은 마음이 담겨 있기 때문에 좋지 않은 습관이야. 하지만 다른 애들이 욕할 때 너만 욕을 안 하면 왠지 약해 보여서 무시당할 것 같은 생각이 들겠지. 엄마라도 그럴 것 같아. 이렇게 하면 어떨까? 너에게 욕을 하는 아이는 너를 무시하는 아이이니까 너도 같은 수준에서 욕을 해주는 거야. 하지만 네가 먼저 욕을 하지는 않았으면 좋겠어. 우리 ○○는 상대방을 존중할 줄 아는 멋진 아이이니까 상대방을 존중할 줄 모르는 치사한 아이들에게만 한 방 먹여주는 거야."라고요. 아들이 상황에 알맞게 스스로 판단하여 행동할 수 있도록 자율성을 주되, 지켜야 할 한계를 알려주면 됩니다.

욕을 하는 것을 허용하기 시작하면 점점 더 심해지는 것은 아닐지 걱정이 되나요? 욕은 학령기 후기나 청소년기의 발달적 현상이에요. 평소 올바른 언어로 자신의 생각을 상대방에게 정확하게 표현하는 가정환경에서 자란 아이들은 이 시기가 지나면 자연스럽게 욕을 하지 않게 됩니다. 시간이 해결해준다는 확신을 가지고 욕을 하는 아들의 속마음에 집중하면 됩니다.

흥미롭게도 아이가 하는 행동이 너무 마음에 들지 않을 때 그 행동에 대해 아무 관심을 갖지 않는 것이 그 행동을 줄이는 데 더 효과적인 훈육이 되곤 해요. 심하지 않은 상황이라면 어느 정도까지는 모른 척 눈감아 주세요. 비난하면서 교정하려고 집중하면 오히려 부작용이 생길 수 있어요. 그냥 무시하는 것도 괜찮고 "아이고, 엄청 열 받았구나." 정도로만 반응해주는 것도 괜찮습니다.

간혹 부모와 갈등을 겪는 과정에서 욕을 하는 아이도 있습니다. 자신의 화난 마음을 욕으로 표현하면서 부모에게 굴복하지 않겠다는 뜻을 전달하는 거예요. 아들로부터 욕을 들으면 화도 많이 나고 실망스러운 마음도 크겠지요. 그래서 단호하게 경고하거나 호되게 야단치게 됩니다. 강력한 경고와 질책은 단기적으로는 효과가 있을 수 있습니다. 하지만 같은 상황에 놓였을 때 아들이 욕하는 일이 또 반복될지도 몰라요. 근본적인 부분이 해소되지 않은 상황이니까요.

가장 중요한 것은 부모에게 욕을 하는 아들의 마음속 문제를 살펴보는 것입니다. 아들의 마음을 읽어주면서 뭐가 그리 불만이길래 부모에게 욕을 할 정도인지 파악보세요. 예를 들어 "씨발! 꺼져버려!"라고 말했다고 해서 정말 엄마가 이 세상에서 사라져 버리기를 바라는 것은 아니겠지요. 그저 말이 안 통해서 분통이 터지니 말 좀 시키지 말아 달라는 메시지를 그런 식으로 전달한 거예요.

"지금 엄마랑 이야기하기 싫구나. 알겠어. 기다리고 있을 테니 네가 얘기하고 싶을 때 엄마에게 알려줘."라고 말하면서 아들의 마음을 읽고 이해해주는 것이 훨씬 효과적이에요. 엄마를 이기려고 거칠고 세게 대응했는데 엄마는 자신의 마음을 이해하고 양보해주니 순간적으로 머쓱하면서 미안한 마음이 들 거예요. 바로 이때 "다음부터는 엄마에게 그런 식으로 욕을 하지 않았으면 좋겠어. 그렇게 말하지 않아도 네마음 다 아니까."라고 말하면 아들이 깨닫는 바가 크겠지요.

부모에게 욕을 하는 것은 절대로 있어서는 안 되는 상황이지만, 그럴 수도 있다는 사실을 인정하면 큰 충돌 없이 잘 해결할 수 있는 문제입니다. 아들이 가장 사랑스럽지 않은 모습을 보일 때가 부모의 사랑이 가장 필요한 순간이라는 사실을 잊지 마세요.

아들 마음 읽기 ✳ 욕을 하는 것은 내가 약하지 않은 존재라는 것을 과시하고 싶은 마음에서 시작됩니다. 무조건 하지 말라고 할 것이 아니라 어느 정도까지는 인정해주는 현실적인 규칙을 마련하는 것이 좋습니다. 욕을 하는 게 거슬린다고 비난하거나 당장 교정해주려고 하면 부작용이 생길 수 있으니 오히려 못 들은 척하는 것이 더 효과적일 수 있어요.

공부를 못한다고 심하게 좌절하고 자책한다면?

성적에 대한 강박감은
부모가 만든 것

시험을 못 봤을 때 아이가 스스로를 과하게 자책한다면 관심 있게 지켜보다가 적절하게 대응해줘야 합니다. 시험 점수에 대한 부담감으로 우울해하거나, 입맛이 떨어져 밥을 제대로 못 먹거나, 내내 시험 점수에 대해서만 이야기하거나, 시험 점수에 대한 강박으로 잠을 못 잔다면 그것은 선을 넘어섰다는 신호예요. 이럴 때는 원인을 찾아내 도움을 주어야 해요.

평소에 엄마 아빠가 시험에 대해 과한 부담감을 주지 않았는지 생각해보세요. 아들이 시험을 잘 보았을 때 주변 사람들에게 과시하듯 자랑한 적이 있나요? 그랬다면 시험을 잘못 보았을 때는 자동으로 자신이 못난 사람이라는 생각이 들어 좌절감과 자책감에 빠지게 됩니다. 반대로 아들이 시험을 잘못 보았을 때 실망스러운 마음을 과하게 표현하곤 했나요? "너 잘 키우려고 엄마가 회사까지 그만두고 네 뒷바라지를 했는데 시험 점수가 이것밖에 안 되면 어떡하니?" "아빠가 네 학원비 대려고 밤낮으로 일히는데 이러려면 차라리 학원을 그만 다녀라." 등은 아들에게 큰 부담감을 줘서 그것을 제대로 못 해내는 자신을 자책하기 딱 알맞은 조건이 돼요. 부모가 자녀에게 많은 노력을 기울이는 부분을 좋은 성적으로 보답하라고 요구하는 것은 부당한 일이에요.

부모의 칭찬 습관에서도 원인을 찾아볼 수 있어요. 평소에 아들의 시험 점수에만 초점을 맞춰 칭찬하지는 않았는지요? 결과만을 중시하는 피드백은 아들에게 결과만 중요하다는 가치관을 만들어줬을 거예요. 이런 가치관은 결과가 좋지 않을 때 자신이 그동안 노력을 기울였던 많은 시간들이 물거품이 됐다는 생각에 좌절하고 자책하게 만들겠지요. 평소에 결과가 아닌 과정에 관심을 기울이고 칭찬해주세요. 아들이 어떤 계획을 갖고 어떤 목표를 향해 달려가고 있는지 관심을 가져주고, 아들이 노력하는 과정에 대해 아낌없이 칭찬해주세요. 당장은 '점수'로 표시되는 결과가 아들의 학습 수준을 가늠하는 척도처럼 보일 테지만 결국은 과정을 즐기고 과정에 충실한 아이가 더 큰 사람이 될 수 있습니다. 결과만 쫓는 아이는 결과가 안 좋으면 금방 무너지지만, 과정에 충실한 아이는 결과가 안 좋아도 연연치 않고 다시 계획하고 도전합니다.

혹시나 아들이 기질적으로 예민한 탓에 시험 점수에 너무 많이 좌지우지되는 것은 아닌지 걱정된다면 안심해도 됩니다. 실패에 대해 유난히 좌절감 또는 자책감을 느끼는 기질은 없으니까요. 평소 부모의 비난이나 잘못된 칭찬 습관으로 인해 시험을 잘 보지 못하면 못난 사람이 되어버린 듯한 기분이 드는 것입니다.

공부를 못한다는 이유로 좌절감과 자책감을 느끼는 것은 건강한 것이 아니에요. 공부를 못할 수도 있습니다. 중요한 것은 아들이 노력을 해서 무언가를 배워가는 과정이에요. 노력하는 과정에 대해 관심을 기울이고 칭찬하면 언젠가 잘 해낼 수 있는 날이 반드시 옵니다.

아들이 지금 어떤 이유로 시험 점수에 대해 민감한지 잘 생각해보세요. 그것을 찾아냈다면 아들의 마음을 보듬어줄 수 있는 대화를 시도해보세요. 이때 가장 중요한 것은 '공감'입니다. "열심히 했는데 속상하지? 엄마보다 네가 더 속상할 거야. 그러나 이번에 열심히 공부한 것은 절대로 사라지지 않아. 어딘가에 쌓여 있으니까 속상해하지 말자. 다음에 열심히 하면 그 효과가 언젠가는 나타날 거야. 너무 실망하지 말고 다시 한번 도전해보자."

아들 마음 읽기 ✳ 시험 점수가 낮은 것에 대해 좌절감과 자책감이 심한 것은 평소 시험 점수에 대해 부모가 민감하게 반응한 탓일 가능성이 큽니다. 혹시 시험을 잘 보면 과시하듯 자랑하고 시험을 잘못 보면 비난하는 말을 한 것은 아닌지 생각해보세요. 변함없는 믿음과 격려가 아들을 건강하고 독립적으로 성장하게 만듭니다.

잔소리에 말대꾸조차 하지 않는 이유는?

잔소리, 들으면 들을수록
높아지는 마음의 벽

잔소리를 할 때 아들이 한마디도 지지 않고 꼬박꼬박 말대꾸하면 화가 나서 피가 거꾸로 솟는 듯한 느낌이 들지요? 실제로 반성하지 않더라도 잘못을 뉘우치는 모습만이라도 보여주면 마음이 누그러지고 용서할 텐데 고개를 빳빳이 들고 눈 하나 깜짝 안 하면서 고래고래 대드는 모습을 보면 그때는 그야말로 이판사판 싸움판이 되고 맙니다.

아무 대꾸를 하지 않는 것도 정말 환장할 노릇입니다. 내 얘기를 안 듣고 딴생각하고 있는 건가, 아니면 나를 무시하는 건가 하는 생각에 분노가 치밀어오르지요.

그런데 아들의 입장에서 보면 충분히 이해할 수 있는 부분이에요. 남자는 타고나기를 여자보다 말하는 능력이 떨어져요. 게다가 어른인 엄마는 또래 여자아이들보다 말을 더 잘할 수밖에 없겠지요. 그런 엄마가 "도대체 왜 그러는 거니?" "그래서 어쨌다는 거야?" "그렇게 하지 말라고 몇 번을 말했어?" "그것에 대해 계획이 있기는 한 거니?" "앞으로는 어떻게 할 생각이니?" 등등의 말을 속사포처럼 쏟아내면 아들은 대답하는 것을 힘들어하면서 버벅거립니다. 또래보다 언어 능력이 발달한 데다가 평소에 가족끼리 토론을 자주 하는 편이라 자신의 생각을 표현하는 것에 능숙한 아이조차도 엄마가 뭔가를 추궁하듯 물어보고 해결책을 내놓으라고 재촉하면 무슨 말을 어디부터 어떻게 해야 할지 몰라 버벅거리게 되지요.

묻는 말에 대답을 잘 못 하고 버벅거리는 게 답답해서 중간에 자꾸 말을 끊고 다그치면 아들은 마음속으로 이런 생각을 하게 됩니다.

'에휴, 늘 저런 식이지. 엄마랑은 말이 안 통해. 내가 아예 말을 말아야지.'

이것이 바로 엄마의 잔소리에 아무 대꾸도 하지 않는 아들의 마음이에요. 만약 아들과의 관계에 있어 '너는 내가 낳은 자식이니까 누구보다 내가 너를 잘 알기 때문에 내가 통제하는 대로 잘 따라오는 것'을 최우선으로 삼고 있다면 어쩔 수 없습니다. 하지만 아들과 원활하게 소통하면서 아들이 원하는 것, 아들이 힘든 것, 아들이 필요한 것에 대해 도움을 주고 싶은 마음이 있다면 이런 대화 방식을 얼른 멈춰야 해요.

자신의 생각을 신속하면서도 정확하게 말로 표현하는 것을 어려위하는 남자아이들의 특성을 고려하여 아들에게 말할 수 있는 시간을 충분히 주세요. 시간이 길어져서 답답하고 뭔 소리를 하는지 이해가 잘 안 돼서 또 한번 답답하더라도 아들이 기승전결 다 얘기할 때까지 기다려주세요. 이런 경험이 있는 아들은 절대로 엄마의 잔소리에 대해 마음의 문을 닫지 않아요.

엄마와 아들의 대화는 절대로 '누가 누가 말을 더 잘하나'의 대결이 되어서는 안 됩니다. 서로의 생각을 나누고 마음을 들여다보는 시간이 되어야지요. 아들의 생각과 마음이 궁금하다면 아들이 자신의 생각과 마음을 충분히 이야기할 수 있도록 기다려주세요.

아들 마음 읽기 ✳ 아들은 엄마보다 말하는 능력이 떨어질 수밖에 없습니다. 그래서 엄마가 일방적으로 말하거나 자신의 말을 중간에 끊어버리는 경우가 잦아지면 아예 마음의 문을 닫고 아무 말도 안 하려고 할 수 있어요. 아들과 원활하게 소통하고 싶다면 아들이 하고 싶은 말을 충분히 할 수 있도록 기다려주는 것이 중요합니다.

엄마의 기다려줘야 할
아들의 행동

착하고 얌전했던 아들이 부쩍 짜증을 낸다면?

언젠가 반드시 폭발하는
감정이라는 화산

별다른 투정 없이 조용한 아이, 별다른 요구 사항 없이 순한 아이, 별다른 반항 없이 말 잘 듣는 아이……. 우리는 보통 이런 아이들을 가리켜 '착한 아이'라고 부르지요. 착한 아이는 키우기 쉬워서 부모가 복 받았다고 생각하고요. 그런데 우리가 착하다고 판단하는 아이의 모습은 '순종적인 모습'을 하고 있는 아이가 아닌지요?

심리학에서는 이런 아이들을 쉬운 기질Easy temerament이라고 분류합니다. 여기에서 '쉬운'은 아이의 기질이 쉽다는 것이 아니라 부모가 키우기 쉽다는 것을 의미해요. 자기주장을 잘 하지 않고 온순해서 말을 잘 들으니 부모 입장에서는 키우기 쉬울 수밖에요.

아이 입장에서 보면 그렇게 바람직한 상황이 아니에요. 사람은 누구나 자기만의 욕구가 있습니다. 당연히 순한 아이에게도 욕구가 있어요. 하지만 부모 말을 잘 들어야 사랑받는다는 생각에 거절이나 반항을 잘 하지 않아요.

이런 상황이 지속되면 어떤 부작용이 있을까요? 첫째, 아이들은 자신의 욕구를 인식하고 조절하고 표현하는 과정을 통해 많이 성장합니다. 그것을 잘 해내면 매우 큰 성취감을 느끼고, 자기 자신에 대한 긍정적인 마음이 생기면서 자존감도 높아지지요. 하지만 다른 사람의 요구에 의해 움직이는 순종적인 아이는 이런 과정을 거칠 수 없어요. 성취감을 느낄 수도, 자존감을 높일 수도 없겠지요.

둘째, 사회성에도 상처를 입힙니다. 자신의 생각을 당당하게 말해야 하는 순간을 두려워하며 회피하게 만들 수 있거든요. 자신의 욕구를 억누르며 부모 말에 무조건 따르는 아이는 다른 사람과의 관계에서도 똑같은 모습을 보이게 됩니다.

마지막으로 아이가 어려서 힘이 없을 때는 부모의 권위에 눌려 욕구를 누르고 살지만 욕구가 강해지면서 더 이상 참기 어려워지는 시기가 오면 그것을 강력하게 분출하게 됩니다. 어떤 아이는 매우 파괴적이고 폭력적인 방식으로 그것을 표현할 수도 있어요.

아들이 그동안 착하고 얌전했는데 갑자기 짜증이 늘었다면 그것은 이제야 비로소 자신의 욕구를 표현하기 시작했다고 보면 돼요. 경험이 없기 때문에 부정적인 방식으로 표현하는 것뿐입니다.

아이가 이제라도 자신의 욕구를 분출하기 시작한 것이 오히려 다

행일 수도 있어요. 바로 앞에서 말했듯이 사람은 누구나 욕구를 가지고 태어납니다. 그것을 꾹꾹 누르면서 살아가면 우울증 같은 내적 문제가 생길 수 있고, 너무 심해지면 감정이 폭발하면서 공격성을 드러내는 외현화 문제가 발생할 수 있으니까요.

아들의 욕구에 귀를 기울여주세요. "엄마 말 잘 들어 착하다." "동생에게 양보하는 모습이 참 멋지네."라는 말 대신 "네가 정말 원하는 것이 무엇이니?" "네가 좋은 것은 무엇인지 생각해보고 엄마에게 말해줘."라고 물어보면서 아들이 스스로 자신의 마음을 들여다볼 수 있도록 해주세요. 아들이 자신의 욕구에 대해 당당하게 이야기할 수 있는 장을 마련하는 것이 무엇보다 중요한 순간입니다.

순종적인 아이는 키우기는 쉬울지 몰라도 정서적으로 건강한 상태라고 할 수 없습니다. 무조건 다른 사람의 말을 잘 듣고 시키는 대로만 행동하는 '착한 아이'보다 자신의 생각이나 욕구를 당당하면서도 적절하게 표현할 줄 아는 '멋진 아이'로 키우기 바랍니다.

아들 마음 읽기 ✳ 사람은 누구나 욕구를 가지고 있습니다. 어린아이도 마찬가지예요. 하지만 순한 아이들은 부모의 사랑을 얻기 위해 자신의 욕구를 억누른 채 부모 말을 무조건 따르며 살아갑니다. 이 경우 성취감과 자존감, 사회성에 큰 상처를 입을 수 있어요. 착하고 순했던 아들이 갑자기 짜증과 반항이 늘었다면 그동안 억눌렀던 욕구가 분출되기 시작한 것입니다. 아이가 자신의 마음을 들여다보면서 원하는 것을 당당하게 이야기할 수 있도록 환경을 만들어주는 것이 중요해요.

아들은 원래 야무지지 못하고 늦될까?

딸보다 늦게 발달하는 아들의 뇌

아들 엄마들은 마음속으로 '원래 아들은 딸보다 뭔가 부족하고 늦된 것일까?'라는 의심을 하곤 합니다. 그래서 공부도 더 못하고 정리도 더 못하고 그러면서 말은 더 안 듣는 것이라고 결론을 내리게 되지요.

그러나 이것은 누가 더 잘나고 못나고의 문제가 아니에요. 남자아이와 여자아이의 발달 과정의 차이 때문에 발생하는 매우 당연한 결과예요. 남자아이와 여자아이의 조절 기능은 발달적으로 차이가 있습니다. 이 부분에 대한 것은 아직도 연구 중이지만 사람의 뇌 중에서 전두엽과 관계가 있다는 것은 어느 정도 사실로 받아들여지고 있어요.

안타까운 점은 남자아이들이 발달 과정에 맞는 환경 속에서 성장하지 못한다는 거예요. 남자아이는 여자아이에 비해 에너지가 훨씬 많기 때문에 활동성도 폭발적으로 높은데 우리의 교육 환경은 에너지를 분출하기에는 너무 정적인 것들로만 구성되어 있습니다. 거기에 맞춰 얌전하고 착실하게 활동에 임하기를 요구하고요.

우리나라의 교육이 에너지를 폭발적으로 분출할 수 있는 커리큘럼으로 바뀐다면 금세 여자아이와 남자아이를 평가하는 시선이 역전되고 말겠지요. 하지만 당장 그것은 불가능할 테니 우선 부모라도 나서서 아들이 자신의 에너지를 실컷 분출할 수 있도록 맘껏 뛰어놀게 해주세요. 운동도 좋고요. 아들이 몸 안에 가득 담긴 에너지를 분출하는 것은 신체 건강에도 매우 이롭지만 정신 건강에도 큰 이로움을 가져다줍니다. 분출을 통해 에너지가 어느 정도 정리되어야 집중력도 올라가고 조절 능력도 키울 수 있거든요. 그러면 안정된 모습을 기대할 수 있겠지요.

여자들에 둘러싸여 지내는 일상도 아들의 미숙함을 부추기고 있어요. 아들이 주로 활동하는 공간을 살펴보면 그곳에는 남자보다 여자가 훨씬 더 많아요. 학교 선생님도 학원 선생님도 여자가 훨씬 더 많지요. 또 아들과 가장 많은 시간을 보내는 주양육자도 대부분 여자입니다. 엄마가 아니더라도 할머니, 도우미 아주머니 등 거의 대부분 여자가 양육을 도맡잖아요. 친구들 모임을 가더라도 대부분 엄마와 함께 오니 남자보다는 여자의 인원수가 훨씬 많을 수밖에요.

이렇게 여자들에 둘러쌓인 환경 속에서 성장하는 아들은 남자아이 특유의 성장 속도와 특성을 이해받지 못하고 천둥벌거숭이 취급을 받기 딱 좋아요. 그러고는 칠칠맞은 아들에게 도움을 줘야겠다는 생각에 이것저것 챙겨주게 되잖아요. 사실은 이런 부분 때문에 아들의 미숙함이 좀처럼 나아지지 않고 제자리를 맴도는 것입니다. 여자아이에 비해 조절 능력이 떨어지고 늦게 발달한다는 것이지 그런 능력이 아예 없다는 것은 아니거든요. 무작정 못하는 것을 대신해 줄 것이 아니라 아들의 속도에 맞춰 스스로 자기 것을 챙기고 해결해나가도록 연습을 시켜야 해요.

처음에는 실수가 많아 힘들고 당황스러울 수도 있겠지만, 아들이 자기만의 방식을 찾아 꼼꼼하고 야무진 생활습관을 가질 수 있도록 기다려주세요. 지금부터 그 연습을 하지 않으면 아들이 다 큰 어른이 되었을 때도 매니저처럼 졸졸 따라다니면서 대신 해결해줘야 하는 신세를 면치 못할 거예요.

아들 마음 읽기 ✳ 남자아이가 여자아이보다 많이 늦되어 보이는 것은 발달적인 차이 때문에 발생하는 아주 자연스러운 현상이에요. 그러니까 엄마만이라도 체벌이나 잔소리가 아닌 이해와 공감으로 아들을 대해주세요. 하지만 못하는 것을 대신 해결해주는 것은 안 됩니다. 아들이 스스로 부족한 부분을 채우고 성장할 수 있도록 기다려주는 것이 중요해요. 적절한 훈련 방식과 충분한 시간만 있으면 아들의 생활습관을 바꿀 수 있습니다.

아들에게 음란물을 어디까지 허용해도 될까?

아들과 음란물은
떼려야 뗄 수 없는 관계

아기 티를 벗은 지 얼마 안 된 사랑스럽고 귀여운 아들이 음란물을 보며 음탕한 생각에 빠지는 모습을 상상만 해도 진저리가 납니다. 하지만 어느 정도 관대해져야 엄마 마음이 편안해질 거예요. 음란물을 보지 않고 성장하는 남자는 거의 없다고 보면 돼요. 스스로 호기심이 생겨 찾아볼 수도 있겠지만, 친구들이 장난스럽게 보내주는 링크를 클릭했다가 우연히 보게 되는 경우도 많아요. 아들이 음란물에 호기심을 갖는 것은 충분히 이해해줘야 합니다.

관대해졌다면 그다음 단계는 의연해지는 겁니다. 아들이 음란물을 봤다는 사실을 알았을 때 야단친다거나 또 보면 가만 두지 않겠다고 엄포를 놓는 것은 아무 효과 없어요. 오히려 부작용이 생길 수 있어요. 음란물을 보다가 엄마에게 들키면 얼마나 당황스럽고 창피하겠어요. 안 그래도 수치심이 가득할 텐데 엄마가 비난하고 분노하면 그 수치심이 더욱 커질 겁니다. 호되게 야단친다고 해서 음란물을 보고 싶은 아들의 욕구나 호기심이 사그라들지 않아요. 오히려 아들은 들키지 않기 위해 더욱더 음지로 숨어 들어가 보게 될걸요. 마음만 먹으면 어디서든 쉽게 음란물을 볼 수 있는 세상이잖아요. 엄마가 못 하게 하는 것을 하고 있다는 사실은 죄책감을 안겨줄 수 있지만 더 큰 짜릿함을 맛보게 할 수도 있어요.

가장 쉬우면서도 좋은 방법은 못 본 척 눈감아 주는 것입니다. 이것은 그냥 방치하는 것이 아니라 아들의 마음에 공감해주는 방법 중 하나예요. 음란물을 보는 것은 건강하게 잘 자라고 있는 아들에게 일어날 수 있는 자연스럽고 당연한 일이니까 크게 걱정 안 해도 돼요.

그럼에도 불구하고 아들이 음란물을 보는 것이 비정상적인 일탈이나 저질스러운 욕구라는 생각이 든다면 남편에게 살짝 물어보세요. 어렸을 때 음란물을 어떻게 접했으며 그것이 남자아이에게 어떤 의미인지요. 아들의 마음에 좀 더 가깝게 다가갈 수 있는 단서를 얻게 될 거예요.

음란물 문제에 대해 꼭 아들과 대화를 나누고 싶다면 그것이 좋고 나쁘고를 평가할 것이 아니라 음란물에 등장하는 남자와 여자 사이에 벌어지는 상황들이 정상적인 일이 아니라는 사실 정도만 언급해주세요. 일반적으로 사랑을 나누는 상황에서는 여자를 어떻게 존중하며 어떻게 마음을 표현하는지도 알려주면 좋고요.

이때 중요한 것은 '감정적'으로 말하는 것이 아니라 '의연'하게 '논리적'으로 말하는 것입니다. 그것을 보고 싶어 하는 아들의 마음에 공감해주면서, 아들이 궁금해하는 점에 대해 허심탄회하게 대답해주세요. 나머지는 아들이 스스로 판단할 수 있도록 해야 합니다.

이와 같은 일을 잘 극복하면 오히려 아들과의 관계가 더 돈독해질 수도 있어요. 아들도 음란물을 보는 것이 떳떳하지 못한 일이라는 것을 모르지는 않을 거예요. 그런데 엄마가 그런 부분에 대해 충분히 이해해주는 데다가 현명한 조언까지 해주면 엄마에 대한 신뢰감은 더 커질 수 있습니다. 왠지 비밀을 함께 공유하는 소중한 친구가 생긴 느낌이 들 테니까요.

음란물을 자주 보는 것 같아서 걱정이라면 아들이 신체활동을 할 수 있는 시간을 늘려서 음란물을 보는 시간이 자연스럽게 줄어들도록 유도해야 합니다. 보통 심심할 때 음란물을 보게 되므로 다른 즐거움을 찾아주는 게 건강하면서도 확실한 방법입니다.

아들 마음 읽기 ✳ 남자아이들이 음란물을 보는 것은 아주 자연스러운 일이에요. 그것을 비정상적인 일탈이라고 생각하지 말고 이해하고 공감해주세요. 비난하거나 화를 내는 것은 더욱더 음지로 숨어들어 보게 만드는 부작용을 초래할 수 있으니 피해야 합니다. 대신 음란물의 부작용에 대해 의연하고 담담하게 이야기해주면 아들은 자신의 마음에 공감해주는 엄마를 더 많이 신뢰하게 될 겁니다. 그냥 못 본 척해주는 것도 아들의 마음을 공감해주는 방법이 될 수 있어요.

왜 자꾸 듣도 보도 못한 용어를 사용할까?

급식체는 아이들만의
언어이자 문화

예전에 지인이 들려준 에피소드를 듣고 얼마나 웃었는지 몰라요. 아들과 함께 산책을 하고 있었대요. 그러다가 엄마가 돌부리에 걸려 넘어질 뻔했다가 겨우 중심을 잡고 일어났대요. 그 모습을 보고 아들이 피식 웃으며 '까비'라고 말하더래요. 그게 무슨 말이냐고 물었더니만 '다행이다'라는 뜻이라고 알려줬다고 하네요. 엄마를 걱정해주는 마음이 담긴 말이라 생각하고 기분 좋게 집으로 갔고요.

한참 뒤에 아파트 근처 분식집 앞에서 또래 아이들이 똑같은 말을 하는 것을 듣고는 뭔가 심상치 않았대요. 아무래도 그 말이 '다행이다'라는 뜻으로 쓰이는 것 같지가 않아서요. 아이들에게 물어봤더니 '아깝다'라는 뜻이었다고 하더라고요. 치밀어 오르는 배신감에 학교 끝나고 돌아온 아들에게 다짜고짜 추궁했지만 아들은 그냥 장난이었다고 웃어넘기더랍니다.

이른바 급식체라고 하지요? 요즘 아이들이 쓰는 알 듯 말 듯한 낯선 말이요. 줄여 말하고 돌려 말하고 생략해 말하는 통에 당최 무슨 말인지 알쏭달쏭한 외계어를 쓰잖아요. 세대 차이가 나는 어른들과 소통이 잘 안 되는 것도 문제지만, 그런 이상한 말들을 쓰도록 계속 내버려 둬도 될지 걱정이에요.

"아들이 이런 말을 그냥 쓰게 내버려 둬도 되는 건가요?"라는 질문에 대한 저의 대답은 "네!"입니다. 이맘때 아이들이 자신들만의 용어를 사용하는 것은 문제될 것이 없어요. 또래 집단의 결속력을 위해서 당연하게 나타나는 시대적인 문화 현상이라고 생각하면 됩니다. 이런 용어는 새로운 감성이나 새로운 아이템들을 정의하기 위해서 반드시 필요한 언어적 발명일 수도 있습니다. 오히려 표준어만 또박또박 쓰면 유행에 뒤떨어진다고 놀림을 받을지도 몰라요.

아들과 말이 안 통해서 문제된다면 엄마가 아이들만의 언어를 이해하기 위해 노력해보세요. 굳이 모든 말의 뜻을 완벽하게 알 필요는 없잖아요. 의사소통을 위해 필요한 최소한의 뜻을 물어보면서 대화를 이어나가면 됩니다.

혹시 아들이 사용하는 말이 너무 거친 듯한 느낌이 들어 기분이 상했다면 그 말의 의미를 물어보면서 그 말을 들었을 때의 기분을 솔직히 이야기해주면 됩니다. 이때 비난을 하거나 질책을 하면 대화가 더 이상 이어지지 않겠지요. 중요한 것은 아들이 말하고 있는 독특한 언어에 대한 관심을 표현해주는 것입니다. 뭐라도 엄마와 대화의 물꼬를 틀 수 있는 소재가 생겼다는 것은 아들에게 아주 즐거운 일이에요. 핀잔이나 잔소리를 피하고 관심과 인정으로 아들과 소통하면 됩니다.

아들이 넌지시 "내가 이런 말해서 싫어?"라고 말하면 "응 엄마는 잘 모르고 낯선 말들이라 좀 불편하기는 해. 그러니까 좀 줄여주었으면 좋겠어."라고 대답하면 됩니다. "엄마도 써보니까 재미있기는 하네. 하지만 처음 들었을 때는 좀 불편한 느낌이 들었어. 그러니까 할머니와 할아버지께는 이런 말을 가급적 하지 않도록 하자."라는 대화를 통해 일정한 규칙을 제안하는 것도 좋습니다.

집은 아들에게 많은 것을 가르쳐주는 공간이기도 하지만 또 아들에게 편안한 휴식을 주는 공간이기도 해요. 아들이 밖에서 겪어야 하는 긴장감과 통제감을 풀고 편안하게 쉴 수 있도록 나쁜 것, 위험한 것 이외에는 자유를 허용해주었으면 합니다.

아들 마음 읽기 ✳ 아이들은 또래 집단의 결속력을 위해 자신들만의 언어를 사용하기도 합니다. 요즘 아이들이 쓰는 급식체를 시대적인 문화 현상이라고 생각하고 편안하게 받아들여 주세요. 아이들이 쓰는 언어에 대해 엄마가 관심을 보이면 아들이 매우 즐거워할 겁니다. 아들에게 '나와 잘 통하는 멋지고 고마운 엄마'가 될 수 있는 기회예요.

✳

엄마의 '불안'

앞에서 '분노'라는 정서는 내가 뭔가를 통제할 수 있을 것 같은 확신이 드는데 그것이 마음대로 잘 안 될 때 느껴진다고 했어요. 반면 내가 더 이상 통제할 수 없을 것 같아 포기하고 싶을 때는 '슬픔'이라는 정서가 느껴져요. 그렇다면 무슨 일이 벌어지고 있는데 그것이 앞으로 어떻게 될지 확실하지 않아 통제할 수 있을지 없을지, 좋은 방향으로 갈지 나쁜 방향으로 갈지 혼란스러울 때는 어떤 정서가 느껴질까요? 바로 '불안'입니다.

불안한 느낌이 들면 일상이 엉망이 되어버리곤 하지요. 평소에는 쉽게 처리했던 일이 너무 버겁게 느껴지고 평소에는 하지 않던 실수도 잦아집니다. 불안한 상태를 좋아하는 사람은 없을 거예요. 하지만 모든 정서의 경험은 그 기능이 있게 마련이지요. 우리 모두가 경험하기 싫어하는 불안이라는 정서에도 기능은 있습니다. 불안은 우리를 긴장 상태로 만들기 때문에 초집중하여 중요한 일을 준비할 수 있도록 도와요. 그래서 어느 정도의 불안은 좀 더 일에 집중할 수 있는 에너지를 줍니다.

아들 양육에 있어서도 어느 정도의 불안은 필요하지요. 안전에 대해 불안을 느끼면 아들의 안전사고에 더 주의할 수 있게 되고, 질병에 대해 불안을 느끼면 아들의 위생에 더 신경을 쓰게 될 테니까요. 열심히 학습할 수 있는 분위기를 만들고, 사회성을 훈련시키고, 예절을 가르치는 것 또한 아들의 미래에 대한 엄마의 불안감이 작용해서 미리미리 준비하는 것 아니겠어요.

하지만 불안이 지나치게 커지면 하지 않아도 되는 걱정을 하게 됩니다. 옆집에 사는 누구는 학원을 7개 다니는데 우리 아들은 3개만 다녀도 되는 건지, 앞집에 사는 누구는 키가 어른만 한데 우리 아들은 아직 초등학교 저학년처럼 보이니 성장 클리닉에 보내야 하는 건 아닌지, 좋은 대학교에 가기 위해서는 지금부터 뚜렷한 목표를 세워 선행학습을 해야 하는 건 아닌지……, 불안한 마음은 아들과의 마찰을 초래하고 말지요. 그 과정에서 아들과의 유대감이나 신뢰감이 망가지는 것을 막을 수 없고요.

세상은 불확실하고 변화무쌍한데 아들의 자질을 정확하게 알 수 없으니 불안한 마음이 드는 건 당연합니다. 불안하지 않은 게 오히려 이상하게 여겨질 겁니다. 불안하다고 맞지 않는 퍼즐 조각을 억지로 맞추려고 하지 말고 있는 그대로의 현실을 받아들이세요. 그리고 어떻게 하는 것이 내 아들을 위한 가장 긍정적인 방향인지를 찾아 용기 있게 추진해야 합니다. 엄마가 원하는 것이 아닌, 아들이 원하는 것에 초점을 맞춰 그것을 잘 지원해 줄 수 있는 방법을 찾는 데 불안의 에너지를 집중한다면 아들에게 최고의 엄마가 될 수 있을 거예요.

엄마
마음챙김
03

엄마가 살살 풀어줘야 할
아들의 마음

딱 붙잡아다 혼내주고 싶은 마음이 더 크겠지만, 이번만큼은 엄마가
다가가야 할 때입니다. 속상한 아들 마음을 살살 달래주세요.

아들 엄마의 고민

실전 토크 19

아들에게는 에너지 조절의 통로가 필요해요

학령기 후기에 접어들면서 아들이 반항하는 모습을 보이는 것은 자신을 어른으로 착각하기 때문이에요. 더 이상 부모의 통제를 받고 싶지 않은 것이지요. 부모로부터 어떤 지시를 받는 것 같은 느낌이 들면 일단 그것을 거부하려는 모습부터 보여요. 부모는 '이 녀석이 요즘 들어 왜 이리 반항을 하는 거지?'라는 생각을 하게 되고요.

한편 원하는 것이 있거나 도움이 필요할 때는 부모가 그것을 재깍해주기를 바라며 한없이 어린아이처럼 굴기도 해요. 참 이기적인 모습이지요. 본인의 필요에 따라 언제는 어른처럼 대우받기를 원하다가 언제는 아이가 되어버리니까요. 하지만 이것은 아이에서 어른으로 성장하는 과도기에 나타나는 사회 정서적 특징입니다.

짜증이 부쩍 늘어나는 것도 다 이유가 있어요. 이 시기 아이들은 생리적·정서적·신체적 에너지가 최고조에 이릅니다. 폭발적으로 증가한 에너지를 다스릴 만한 인지적 조절 능력은 아직 발달하기 전이지요. 몸에서는 에너지가 뻗쳐 나고 정서적으로도 뭔가가 부글거리는데 그것을 다스리지 못해서 짜증으로 표출하는 거예요.

유아기 아이들은 뭔가 원하는 것이 있는데 그것이 정확히 뭔지 모르겠고 자신의 마음을 잘 표현하지도 못하니까 그 답답함을 징징거림으로 표현하지요. 이 시기의 아이들도 기존에는 느끼지 못했던 생리적·정서적·신체적 에너지를 어떻게 표현할 길이 없어 짜증내는 것입니다.

그런데 유아기 아이들의 욕구는 참 단조로워요. 뭘 먹고 싶다, 뭘 갖고 싶다, 어디가 아프다, 심심하니 놀아달라 정도라 엄마가 아이의 마음을 읽어서 적절하게 해결해 줄 수 있지요. 그에 비해 10대에 접어든 아이들의 마음은 참 복잡해져요. 넘쳐나는 신체적·정서적 에너지를 다스려야 하는 것뿐만 아니라 자신을 바라보는 사회적 기대나 앞으로의 진로에 대해서도 고민을 시작하는 시기잖아요. 스스로 통제하지 못하는 이 모든 것들이 어우러져 짜증을 유발하게 됩니다.

특히 남자아이들은 여자아이들보다 에너지는 더 강하지만 그것을 분출할 수 있는 통로는 별로 없어 반항과 짜증의 강도가 더 심할 수 있어요. 남자아이와 여자아이는 조절 능력도 다르지만 사회적으로 용인된 분출의 방식에도 차이가 있습니다. 여자아이들은 친구들이랑 수

다 떨고, 울어도 되고, 머리 모양을 바꾸거나 외모에 집중할 수도 있는데 남자아이들은 게임하거나 운동하는 게 고작이지요. 부모가 이 점을 잘 인식하고 적극적으로 분출의 통로를 찾아주어야 합니다. 남자아이들 중에는 이런 상황에 놓인 자기 자신을 보호하기 위해서 아예 주변으로부터 자신을 차단해버리는 경우도 있어요. 방에서 하루 종일 나오지 않거나, 시도 때도 없이 짜증을 부리거나, 반항적인 태도로 일관하는 모습을 보일 수 있지요.

아들이 이런 모습을 보일 때 잘못된 부분을 지적하고 교정해줘야겠다는 생각에 불러놓고 설교를 시작한다면 아마도 한바탕 난리통을 겪어야 할 거예요. 아들의 반항과 짜증을 부추기기만 할 테니까요.

아들의 에너지를 방출하는 것부터 시작하는 것이 더 효과적이에요. 땀을 내서 운동을 하게 하거나 재미있는 게임을 하면서 실컷 웃게 한 다음 아들과 함께 마음을 정리하는 시간을 갖는 거예요. 이때도 잘못된 점을 지적하기보다 무엇이 힘들고 앞으로 어떻게 하면 좋을지에 대한 대화를 나눠야 합니다.

아들 마음 읽기 ✳ 학령기 후기에 접어들면 어른이 된 것 같은 기분에 부모로부터 지시를 받기를 거부하고 반항할 수 있어요. 신체적·정서적 에너지가 폭발적으로 커지면서 그것을 감당하지 못하고 자주 짜증을 부려요. 이 모든 것은 정상적인 발달 과정입니다. 그것이 마음에 안 들어 지적하고 교정하려고 하면 갈등만 더 커지기 때문에 아들이 무엇을 힘들어하는지에 대해 귀를 기울이는 태도가 필요합니다.

군것질을 너무 많이 해서 걱정이라면?

어릴 때는 그저 맛있는 게 최고!

요즘 엄마들은 아이들 먹거리에 참 많은 정성을 쏟아붓습니다. 유기농 식재료를 골고루 사다가 천연조미료로 조미해서 살뜰히 챙기지요. 치킨이나 쿠키도 집에서 직접 만들어 먹이고 비타민과 철분·단백질·효소·미네랄 등 아이의 신체와 두뇌 건강을 돕는 갖가지 영양제도 꼼꼼하게 챙깁니다.

그러면 무엇하겠어요. 교문을 나서는 순간부터 심하게 유혹하는 군것질거리의 마수에 아이들이 당해낼 재간이 없는걸요. 어릴 때는 그저 맛있는 게 최고라 이런 것들을 아예 먹지 못하게 하는 것은 거의 불가능한 일이라고 보면 됩니다. 우리도 어렸을 적에는 쫀드기와 별사탕을 손에서 놓지 못했었잖아요. 어느 정도의 군것질을 허락하면서 규칙을 정해 양을 조절하는 편이 훨씬 효과적입니다. 가령 피자 한 조각에는 콜라 한 잔, 더운 여름에는 하루에 아이스크림 한 개씩, 치킨은 한 달에 한 번 주문해서 먹는 정도는 허용하는 식이에요. 남자아이들의 경우에는 여자아이들에 비해 자기 조절 능력이 좀 더 늦게 발달하는 편이므로 막연히 어떤 행동을 유도하기보다는 구체적으로 규칙을 정해주고 따르도록 하는 것이 좋습니다.

만약 아들이 어떤 정보와 사실에 대해 진지하게 받아들일 만한 준비가 되어 있다 싶으며 군것질거리에 들어 있는 성분이 몸에 어떤 나쁜 영향을 끼치는지에 대해 구체적으로 알려주는 것도 도움이 될 수 있습니다. 물론 아이들의 눈높이에 맞춰 쉽고 단순하게 전달해야겠지요.

밥 먹은 지 얼마 안 되어 배가 부를 만한데 계속 먹을 것을 찾는 상황이라면 아들의 심리 상태부터 살펴보세요. 시험이 다가오거나 친구와 다퉜거나 기분이 울적하면 군것질거리를 유독 많이 찾을 수도 있거든요.

우리의 뇌는 음식을 먹어 포만감을 느낄 때 세로토닌과 엔도르핀을 분비합니다. 일시적으로 안정감과 행복감을 맛보면서 스트레스에서 해방된 느낌이 들지만 이건 그야말로 '일시적'인 느낌일 뿐이에요. 근본적으로 해소해주지 않은 채 비만만 초래합니다.

스트레스로 인해 군것질의 양이 늘어난 것으로 추측되면 얼른 그 원인을 찾아 해결해야 합니다. 먼저 아들과 함께 언제 많이 먹고 싶은 기분이 드는지 이야기를 나누어보세요. 스트레스 요인을 알아냈다면 스트레스를 유발하는 것들을 구체적으로 말로 표현하도록 해주세요. 예를 들어 "수학학원에서 배우는 것들이 많이 어려웠구나. 진도가 너무 빠르니?"라고 물어보면 아들이 마음속 이야기를 꺼내놓겠지요. 이 과정을 통해 아들은 심리적인 불편함을 줄여나갈 수 있어요. 더불어 취미활동이나 야외활동을 할 수 있게 하여 관심을 음식 말고 다른 쪽으로 돌릴 수 있도록 도움을 주면 됩니다.

남자아이의 경우에는 여자아이에 비해 감정을 많이 감추는 경향이 있을 뿐만 아니라, 감정을 언어로 표현하는 것이 많이 서툴 수 있어요. 이럴 때 추궁한다던가 비난하면 상황을 더 악화시킬 수 있어요. 엄마가 자신의 고민을 함께 해결해주는 조력자라기보다는 압력을 가하는 폭군같이 느껴질 수 있거든요. 배신감이 들 수도 있고, 자신이 뭔가 매우 부족하고 잘못하고 있다는 죄책감이 들 수도 있어요. 모두 스트레스를 악화하는 상황이지요. 스트레스 해소를 위해 마련한 대화 시간이므로 우선 아들의 불편한 마음부터 충분히 보듬어주세요.

아들 마음 읽기 ✳ 이미 군것질의 재미에 푹 빠진 아들에게 군것질을 아예 못하게 하는 것은 매우 어렵습니다. 아예 못하게 하면 엄마 몰래 할 수도 있으니 오히려 규칙을 정해서 양을 조절할 수 있도록 하는 것이 더 효과적입니다. 스트레스 때문에 군것질을 하는 것이라면 스트레스 요인을 찾아내서 말로 표현할 수 있도록 도와주세요.

평소 실력에 비해 시험 점수가 형편없는 이유는?

어이없는 실수를 유발하는
시험 불안

아이가 평소에는 수학 문제도 제법 잘 풀고 영어 단어도 술술 잘 외우는데 학교나 학원에서 시험만 보면 형편없는 점수를 받아오는 경우가 종종 있습니다. 속상한 마음을 뒤로하고 객관적인 자세로 원인부터 찾아봅시다.

시험을 통해 내가 평가받는다는 생각이 강하게 들면 시험 불안감이 높아져 하지 말아야 할 실수를 하게 될 수도 있습니다. 내가 얼마나 잘 배웠는지 부족한 부분은 무엇인지를 확인하는 과정이라고 생각하면 하나도 불안할 것이 없는데 시험이 내가 잘난 사람인지 못난 사람인지를 결정하는 수단이라는 생각이 드니까 불안감이 높아지는 것이지요.

이런 불상사를 막기 위해서는 "지난번보다 점수가 더 안 나왔네." 와 같은 비교하는 말이나 "이렇게 하면 원하는 학교에 가기 힘들 텐데."와 같은 평가하는 말을 절대로 해서는 안 됩니다. "평소 실력보다 점수가 왜 이렇게 안 나올까? 너무 긴장하는 것 아니니?"라고 걱정하는 말도 안 됩니다. 안 그래도 불안한 아들에게 그것 때문에 걱정이라는 메시지까지 얹어주면 불안감을 더 키울 수 있으니까요.

그 대신 시험은 능력을 평가하는 수단이 아니라 새로운 것에 도전하고 연습하는 것임을 인식시켜주세요. 시험을 볼 때는 누구나 떨리고 긴장된다는 것, 그리고 어느 정도의 긴장은 시험을 더 잘 볼 수 있는 힘을 준다는 것을 알려주고 안심시키면 됩니다. 또 시험은 앞으로도 계속 보게 될 텐데 배움의 과정이라고 생각하고 연습한다는 자세로 여유 있게 임하면 된다는 가르침도 주세요.

시험을 잘못 보면 야단을 친다거나 아들의 평소 학습습관을 비난하는 것도 불안감의 원인이 됩니다. 잘 다니고 있는 학원을 바꾸겠다고 일방적으로 경고하거나 다른 아이들의 점수와 비교하면서 실망스러운 마음을 표현하는 것도 다 포함입니다.

평소에 "공부! 공부!" 하면서 아들에게 야단을 치거나 옥박지르지도 않았는데 시험 볼 때마다 불안감이 높다면 시험 점수가 나왔을 때 부모가 어떻게 반응했는지도 되돌아봐야 합니다. 은연중에 실망하는 눈빛을 보였다거나 너무 민감한 반응을 보였다면 직접적으로 닦달하지 않았어도 아들에게 큰 부담을 주었을 거예요. "이렇게 공부해서 이

다음에 뭐가 되려고 그래." "그래도 좋은 대학에 가려면 수학 점수가 90점은 넘어야 할 텐데." "엄마는 학교 다닐 때는 90점 밑으로 받아본 적이 없어."라고 농담처럼 가볍게 던진 말도 아들에게는 큰 스트레스가 되었을 테고요.

그렇다고 아들이 낮은 점수를 받아왔는데도 "이 정도면 잘했네." "괜찮아. 시험 점수는 별거 아니야."라고 아무렇지 않은 듯 넘겨버리지는 마세요. 자신에게는 매우 대수로운 일인데 엄마는 대수롭지 않게 생각하는 모습에 실망할 수도 있으니까요.

결과보다는 시험을 보는 목적에 대해서 다시 한번 생각하도록 유도하는 것이 핵심입니다. 시험은 내가 얼마나 똑똑한가, 잘났는가를 알아보기 위한 것이 아니라, 더 많은 것을 알고 적용해 보는 학습의 기회라는 것을 깨닫게 해줘야 합니다. 틀린 답에 이르는 과정을 잘 들여다보면 아들이 시도한 나름의 생각이 있을 겁니다. 이를 찾아서 "여기까지는 잘 풀었네." 하며 칭찬을 해주면 아이는 미처 생각하지 못한 것을 고민하고 배우려 합니다. 실패도 평가도 두려워하지 않고 당당하게 연습할 수 있는 태도를 만들어주는 것이 지금 이 단계에서는 가장 중요합니다.

아들 마음 읽기 ✳ 시험을 통해 평가받는다는 생각이 들면 불안감이 커져서 평소보다 시험 점수가 낮게 나올 수 있습니다. 시험은 배움의 한 과정이라는 사실을 인식시켜주세요. 시험 점수에 대해 압박감을 주거나 실망스러운 마음을 전달하면 시험 불안을 키울 수 있으니 주의해야 합니다.

마마보이라고 놀림당한다면?

마마보이는 아들의 문제가 아니라 엄마의 문제

뭔가 잘못한 것이 있어도 아들이 어리광을 부리면서 품에 달려들면 마음이 사르르 녹으면서 얼굴에 미소가 지어질 거예요. 그러면서도 다른 사람들 눈에 어리광 심한 아들의 모습이 한심해 보일지 모른다는 생각에 걱정이 되겠지요. 어리광이 심한 남자아이는 곧잘 '마마보이'라는 부정적인 별명을 얻기도 해서 신경이 많이 쓰여요.

어리광은 일종의 퇴행 현상입니다. 현재 나이에 적합하지 않은, 더 어린 나이대 아이들이 하곤 하는 행동이니까요. 가끔씩 어리광을 통해 원하는 것을 얻고자 한다면 '어지간히 하고 싶구나'라고 생각해주면서 못 이기는 척 부탁을 들어줘도 괜찮습니다. 하지만 늘 이런 전략을 쓰려 한다면 이건 문제가 있어요. 학령기 정도의 아이들은 자신이 원하는 것을 당당하게 말하고 떳떳하게 얻을 수 있어야 하는데 어리광을 통해 뭐든지 해결하려는 자세는 엄마에게 의지하는 단계에 머물러 있다는 증거입니다.

마마보이 같다는 말을 듣는 아이들의 특징은 엄마로부터 자신이 원하는 것을 얻기 위해 어리광을 부리면서 동시에 엄마의 통제를 거부하지 못하고 엄마의 품안에 머물러 있다는 점이에요. 진짜 문제는 여기에 있지요. 사회인이 되고 난 다음에도 엄마에게 이것저것 해달라고 졸라댈 수는 없는 노릇이잖아요.

크면 저절로 괜찮아질 거라고 기대하고 있다면 그런 기대는 아예 안 하는 게 좋다고 딱 잘라 말하고 싶어요. 마마보이 같은 모습은 어릴 적에 잠깐 나타났다가 저절로 사라지는 발달 단계가 아니라 양육 환경이 만들어내는 습성이라 쉽게 고쳐지지 않습니다. TV 드라마에서 보면 마마보이 남자 주인공이 결혼을 한 뒤에도 독립을 하지 못하거나, 성인이 된 뒤에도 엄마로부터 용돈을 받는 것을 당연하게 생각하는 장면이 나오지요. 이것은 결코 과장되거나 허구적인 내용이 아니라 실제로 충분히 일어날 수 있는 일이에요.

아들을 너무 과하게 보호하면서 키웠을 경우 마마보이가 되기 딱 좋습니다. 어리광을 피우고 떼를 부리면 자신이 원하는 것을 분명하게 전달하지 않아도 엄마가 알아서 다 해주니까 계속해서 그렇게 문제를 해결하도록 훈련이 된 겁니다. 그러다 보면 일정 나이가 되어도 스스로 할 수 있는 일이 하나도 없게 돼요. 할 수 있는 게 없으니 자신감이 떨어져서 더욱더 엄마에게 의존할 수밖에 없는 상황이 되겠지요.

너무 엄격한 양육환경도 경우에 따라 아들을 마마보이로 만들 수 있어요. 부모가 매우 엄격한데 아들이 내성적이라면 부모의 말에 전적으로 따르지만 반대로 외향적이라면 어리광을 부리면서 엄격함을 피해가려고 할 수도 있거든요. 그대로 성장하면 엄격한 직장 상사를 대하거나 진중한 분위기에 적응해야 할 때 커다란 좌절감을 느끼겠지요. 그때에는 어리광이 통할 리 없으니까요.

어떤 경우라도 엄마가 시키는 대로, 엄마가 해주는 대로 자신의 일상을 온전히 맡기면서 살아가는 아들의 습성은 바람직하지 못한 사회성만 키웁니다. 귀엽고 소중해서 응석을 다 받아주고 싶더라도 아들이 성장했을 때의 모습을 생각하면서 지금부터라도 바람직한 사회화 과정을 훈련시켜야 합니다. 자신이 원하는 것을 당당하게 이야기하고 자신에게 주어진 바를 스스로 책임감 있게 해결해나갈 수 있도록 해주세요. 그것이 바로 아들이 가정 안에서뿐만 아니라 가정 밖에서도 사랑받을 수 있는 비결이에요.

아들 마음 읽기 ✳ 어리광이 심해 마마보이라는 이야기를 들을 정도라면 양육환경을 확인해볼 필요가 있습니다. 엄마가 아들을 과보호하고 있는 상황은 아닌지, 외향적인 성향을 가진 아들이 엄격한 부모의 태도를 어리광으로 슬쩍 피해 가려는 것은 아닌지 살펴보세요. 어릴 때부터 사회화 과정을 훈련시켜야 자신감을 키워줄 수 있어요.

또래보다 키가 많이 작아 열등감이 심하다면?

키 고민은 엄마보다 아들에게
더 큰 스트레스

남자들은 '키'에 민감할 수밖에 없어요. 여자들이 '살'에 민감한 것처럼요. 키에 대한 아들의 고민은 제법 심각할 수 있어요. "그런 것에 너무 신경 쓰지 마라.""너는 대신 얼굴이 잘생겼잖니.""남자들은 군대 가기 전까지 키가 크니 너무 걱정하지 마."라는 말은 아들에게 아무 위로가 되지 않을 거예요.

우리는 외모지상주의가 바람직하지 않다는 데 동의하지만 사람을 평가할 때는 외모가 큰 역할을 하는 것은 부정할 수 없습니다. 미국 프린스턴대 심리학과 알렉산더 토도로프 Alexander Todorov 교수팀은 타인의 얼굴을 보고 매력이나 호감도, 신뢰도, 공격성 등을 판단하는 데 걸리는 시간은 0.1초라는 연구결과를 내놓았고, 미국 다트머스대 심리

학과 폴 왈렌^{Paul J. Whalen} 교수는 인간의 뇌는 0.017초라는 짧은 순간에 상대방에 대한 신뢰 여부를 판단한다는 내용을 발표했을 정도예요. 외모가 상대방의 인상을 가장 강력하면서도 빠르게 결정짓는 요소라는 사실은 부정할 수 없어요.

키가 작아 고민하고 있는 아들에게 키 문제로 너무 스트레스받지 말라는 말은 아무런 위로가 되지 못합니다. 백 번 천 번을 말해도 아들은 키 문제로 스트레스를 받을 거예요.

그렇다고 아들의 작은 키에 대해 예민하게 반응하는 건 더 안 좋아요. 아들은 이미 그 문제에 대해 많은 고민을 하고 있고 바깥에서 속상한 일도 많이 겪었을 텐데 엄마까지 걱정하는 모습을 보이면 절망감과 좌절감이 눈덩이처럼 불어날 수 있어요.

아들을 위하는 마음에서 "줄넘기가 키 크는 데 좋다더라. 하루에 2천 번씩만 하면 키 클 거야."라든지 "농구가 키 성장에 좋다는데 너도 농구 좀 많이 해라."라고 말하는 것도 좋지 않습니다. 부담감과 압박감까지 추가로 얹어주는 셈이니까요. 키 성장에 운동이 좋은 건 분명한 사실이지만 아들에게 키 크는 데 도움이 되는 운동을 해보라고 강요하는 것보다는 함께 해보는 시간을 갖는 것이 훨씬 효과적이에요. 엄마가 자발적으로 키에 대해 직접적으로 언급하지 않는 것이 중요합니다.

더불어 키 크는 데는 음식 섭취도 중요하니 자연스럽게 식습관을 고쳐나갈 수 있도록 도와주면 더욱 좋겠지요. 몸에 잘 맞고 깔끔한

옷차림을 갖추어서 자신감이 떨어지지 않도록 신경 쓰는 것도 중요합니다.

아들이 키가 작다고 놀림당해서 속상해한다면 충분히 이야기를 들어주세요. "그러게 진작에 음식 좀 골고루 잘 먹고 운동 좀 하지 그랬어."라는 말이 목구멍까지 넘어오더라도 꾹 삼키고 아들의 속상한 마음을 위로해줄 수 있는 시간을 가져야 합니다. 놀리는 사람이 오히려 남을 배려하지 못하는 무례한 사람이라고 짚어주면서 함께 험담을 하는 것도 아들의 스트레스 관리에 도움이 될 수 있어요.

아들 마음 읽기 ✳ 키가 작아 스트레스를 받을 때 가장 중요한 것은 엄마가 자발적으로 키에 대해 직접 언급하지 않고 걱정하는 모습도 보여주지 않는 것입니다. 아들이 속상한 마음을 털어놓을 때는 충분히 들어주면서 위로해주고요. 별거 아니니 신경 쓰지 말라는 말은 아들에게 아무 위로가 되지 않습니다.

'엄마 때문'이라는 말을 왜 입에 달고 사는 걸까?

엄마가 세상에서
가장 소중하다는 증거

아무리 소중하고 사랑스러운 아들이라도 '엄마 때문'이라는 말을 듣게 되면 마음이 참 복잡해집니다. 제 일을 스스로 해야지, 그것이 잘못된 것을 왜 엄마 탓을 하나 화가 나기도 하고, 잘해준다고 한 것에 대해 원망을 쏟아놓는 아들이 섭섭하기도 합니다.

'엄마 탓'을 하는 것은 단순히 '남 탓'을 하는 것과는 전혀 다른 양상입니다. 엄마를 이 세상에서 가장 특별한 사람으로 여기고 자신을 도와줄 수 있는 가장 유일한 사람으로 여기기 때문에 자신과 관련된 모든 일이 엄마 때문이라고 하소연하는 것이에요.

아이들은 엄마에게 원하는 것과 다른 사람에게 원하는 것이 확연하게 달라요. 일단 엄마는 무조건 공짜로 주길 바랍니다. 또 다른 사람들보다 더 많이 사랑해주고, 더 많이 도와주고, 더 많이 이해해주길 바라요. 자신이 원할 때는 곧바로 달려와주기를 바라는 마음도 있어요. 다름 아닌 엄마니까요. 그래서 엄마가 충분히 도와주더라도 부족하게 느껴지는 부분은 다 엄마 때문이라고 생각하게 됩니다.

엄마 입장에서는 너무하다 싶은 생각도 들겠지만 아이 입장에서는 그것은 참 행복하고 다행스러운 일입니다. 나이가 들어서도 늘 엄마를 떠올리면 기분이 좋아지고 편안해지는 것은 엄마는 어떤 상황에서든 내 편이 되어줄 거라는 믿음 때문이 아니겠어요.

'엄마 때문'이라고 말하는 아들이 미워서 화를 낸다거나, 혹시나 내가 너무 부족해서 아들의 욕구를 채워주지 못하는 것 아닌가 하고 자책할 필요 없어요. 아직은 엉성한 점이 너무 많은 학령기 아들을 위해 어떤 부분을 도와줘야 하는지만 고민하면 됩니다.

그렇다고 혼자서는 아무것도 할 수 없는 아들을 만들어서는 안 되겠지요. 이것은 그야말로 앞서 이야기한 '마마보이'를 만드는 지름길이니까요. 중요한 것은 아직 부족한 점이 많은 아들을 독립적으로 성장할 수 있도록 도와주는 역할을 해야 한다는 거예요.

아들의 부족한 점을 그저 '채워주는' 것이 아니라 부족한 부분을 극복하여 스스로 해내는 능력을 '키워주는' 것이 중요합니다. 그러기 위해서는 일단 아들이 혼자 할 수 있는 것은 혼자 하도록 해야 합니다. 그리고 부족한 부분에 대해서 도움을 주면 되는데, 이때도 아들이 스스로 부족하고 어려운 부분에 대해 고민한 뒤 엄마의 도움을 받고 싶은 부분을 의논하도록 해야 합니다.

아들이 시간관리를 잘 못할 때 일일이 전화를 걸어 수학학원 갈 시간이다, 오늘 영어 단어 시험 보는 날이니 지금부터 영어 단어를 외워야 한다고 알려주는 것은 아들의 부족한 점을 '채워주는' 방식이에요. 하지만 각각의 요일에 해야 할 일을 시간별로 적어 벽에 붙여 놓은 다음 아들이 스스로 ○, △, ×를 표시하게 해서 시간을 어떻게 관리했는지 확인하도록 하는 것은 '키워주는' 방식이지요.

더 키워주고 싶다면 ○가 나온 부분은 아낌없이 칭찬해주고 △나 ×가 나온 부분은 어떤 어려움이 있었는지에 대해 이야기 나누어주세요. 아들이 스스로 해결하기 곤란한 어려움이라면 그 일정을 과감하게 빼주는 것도 신의 한 수가 될 수 있어요. 학령기 아이에게는 수학 진도 한 단원 더 나가고 영어 단어 100개 더 외우는 것보다 스스로 설계해서 책임지는 과정을 통해 성취감을 키워나가는 것이 진정한 자산이 됩니다.

아들 마음 읽기 ✶ 아들이 엄마 탓을 하는 것은 지금 아들이 가장 의지하고 있는 대상이 엄마라는 뜻이에요. 아들의 마음을 이해해주되, 모든 것을 엄마가 해결해주면 의존적인 습성이 굳어질 수 있기 때문에 부족한 점을 스스로 채워나갈 수 있도록 도움을 주세요.

해야 할 일을 왜 자꾸 뒤로 미룰까?

성향에 따라 다른 지연행동의 원인

10분만 있다가, 조금만 더 보고, 이것만 다 하고, 잠깐만 쉬었다가, 학원 갔다 온 다음에, 오늘은 피곤하니까 내일부터, 밥 먹고 나서…….

아들은 그야말로 해야 할 일을 미루는 데 선수지요. 만약 아이가 "나중에 할 거야."라고 말한다면 "나는 그거 안 할 거야."라는 메시지로 받아들이는 게 나아요. 이런 양상이 습관적으로 반복된다면 결코 물러설 수 없는 한판 승부를 준비해야 합니다.

아들이 지금 당장 하기로 되어 있는 일을 나중에 하겠다는 말로 지연행동을 한다면, 그것은 시간적 여유를 가지다가 나중에 하려는 계획을 세운 것이 아니라 지금 당장 그 일을 피하고 싶은 꼼수일 확률이 매우 높습니다. 아들이 어떤 핑계나 어려움을 호소해도 단호하게

"지금 그것을 하는 게 좋겠다."라고 말해야 합니다.

　엄마가 요구한 대로 아들이 실천했을 때는 "엄마 말을 존중해줘서 고맙다."는 말을 건네서 아들로 하여금 성취감을 느끼도록 해주세요. "진작에 그렇게 했으면 얼마나 좋았겠니."라는 말은 절대 하지 말아야 합니다. 긍정적인 행동을 강화하기 위해서는 자신이 한 행동에 대해 좋은 느낌을 가져야 하는데 이 말에는 비꼬고 비난하는 뜻이 담겨 있어 아들의 의지를 완전히 꺾어놓고 말 거예요.

　아들이 시간 개념이 없어서 제 할 일을 자꾸 미루는 경우라면 어떤 일을 해야 하는 시간을 확실하게 정하고 무조건 그 시간을 지키게 하는 강제성이 필요합니다. 만약에 학교에 다녀온 뒤 3시부터 4시까지 공부하기로 정했다면 숙제가 있든 없든 해야 할 공부가 있든 없든 간에 무조건 그 장소에 앉아서 무언가를 할 수 있도록 하는 식이에요. 숙제도 없고 딱히 해야 할 공부가 없을 때 가장 추천할 만한 활동은 독서입니다. 아들이 읽고 싶은 책을 스스로 골라 읽을 수 있도록 해주세요.

　아들이 시간을 지키지 않아서 받게 되는 불이익을 직접 경험해보도록 놔두는 것도 방법이 될 수 있어요. 아들은 불이익을 당하면 억울하고 창피한 마음을 엄마에게 털어놓을 거예요. 이때 엄마가 잘 다독여주면 마음이 풀리면서 다음부터는 잘 지킬 것을 다짐할 수 있어요. "내가 그럴 줄 알았다. 그러게 진작에 잘 좀 하지. 다음부터는 잘 지켜."라는 말은 꾹 참아주세요.

그렇다면 아이들은 해야 할 일을 왜 자꾸 뒤로 미루는 걸까요? 첫째, 해야 할 일을 하는 것이 즐겁지 않기 때문이에요. 숙제, 학원, 정리 등 아이가 해야 하는 그 일이 즐거움을 주지 못하고 힘들고 어렵고 짜증 나니까 꺼려지는 거예요. 만약에 아이가 당장 해야 하는 일이 게임 하기나 맛있는 음식을 먹거나 보고 싶었던 영화 보기라면 그 일을 미룰 리 없겠지요. 엄마들도 갖고 싶은 물건을 사기 위해 쇼핑하는 것은 당장 하고 싶지만 설거지나 청소는 하기 싫어 자꾸 미루고 싶잖아요. 그러니까 어느 정도 아들의 마음을 이해해주세요.

둘째, 자기 효능감이 낮은 경우 어떤 일을 하는 것을 자꾸 미룰 수 있습니다. 자기 효능감은 어떤 과제를 잘 해낼 수 있다고 생각하는 마음이에요. 당연히 자기 효능감이 높은 아이는 어려운 과제도 적극적으로 탐색하고 해결해나가려는 모습을 보입니다. 하지만 자기 효능감이 낮은 아이는 어떤 과제가 주어지면 그것을 잘해낼 수 있을지 걱정이 앞서고 불안해져서 선뜻 시작하지 못할 수 있어요. 이런 경우라면 "혼자 하는 것이 어렵지? 엄마가 같이 해볼까?" 하면서 도움의 손길을 내미는 것이 좋습니다. 그렇다고 그 과제를 대신에 해주는 것은 절대로 안 돼요. 그것은 아들의 자기 효능감을 더 떨어뜨리고 말 거예요. 과제를 어떻게 진행하면 좋을지 방향을 설정하고 계획을 세우고 그것이 잘 이루어지고 있을 때 격려해주는 데서 그쳐야 합니다. 스스로 실행을 해서 성취하는 과정을 통해 자기 효능감을 키워나갈 수 있으니까요.

셋째, 완벽주의 성향이 있는 아이들도 해야 할 일을 미룰 수 있어요. 완벽주의 성향이 있는 아이들은 처음부터 끝까지 철저히 계획하고 한 치의 오차도 없이 실행할 것 같은데 의외지요? 완벽주의 성향이 강한 아이들의 특징 중에 하나가 자기가 할 일을 미루는 것인데, 준비를 철저히 하지 않으면 마음이 불안해져서 아예 시작도 못하기 때문이에요. 이런 아이에게는 "숙제를 잘하는 것도 중요하지만 숙제를 제시간에 맞춰 끝내는 것도 중요해."라고 말해주세요. 어떤 일의 결과보다 과정이나 절차가 중요하다는 것을 가르쳐주면 점점 개선할 수 있을 거예요.

skill up!

아들의 시간관리, 성격 유형에 따라 이렇게 지도해요!

1 내향적이면서 예민한 아들

이런 성향을 가진 아들이 해야 할 일을 미룬다면 그것은 불안해서일 가능성이 큽니다. 완벽주의적인 성향이 있어서 완벽해야 한다는 강박이 불안감을 야기하는 것이지요. 또한 아들이 이런 성향을 가졌다면 다른 사람의 평가에 민감할 수 있기 때문에 이런 부분들을 감안하여 도움을 줘야 합니다. 가장 중요한 것은 아들이 자신의 불안감에 대해 솔직하게 이야기할 수 있어야 해요. 그러기 위해서는 아들의 완벽함을 칭찬해주기보다 무슨 일을 하고자 하는 의지와 그것을 하기 위해 어떤 계획을 짜고 있는지에 대해 칭찬해줘야 합니다. 완벽하게 하는 것도 중요하지만 시간에 맞춰서 하는 것도 아주 중요하다는 사실도 일깨워줘야 하고요.

2 외향적이고 산만한 아들

이런 성향을 가지고 있다면 조절력이 아주 많이 떨어지기 때문에 혼자서 시간을 조절하는 것을 매우 어려워할 거예요. 부모가 외적 조절자로 도움을 줘야 합니다. 도움을 주는 것에서 그치면 안 되고 아들이 부족한 부분을 잘 채워나갈 수 있는 방식을 찾아 함께 훈련을 해야 하지요. 계획표를 벽에 붙여두면서 해야 할 일에 대해 상기하거나 스스로 하루 일정을 되뇌게 하는 훈련을 통해 시간개념을 키워주세요.

3 행동이 느린 아들

행동이 느리기 때문에 시간에 맞춰 움직이고 싶어도 마음먹은 대로 잘 안 될 수 있어요. 시간을 못 지킨다고 다그치지 말고 자신의 속도대로 일을 진행시킬 수 있도록 기다려주세요. 또한 늦게 준비하는 자신의 성향에 맞춰 미리 준비한다거나 시간을 더 오래 할애하는 등의 자신만의 방식을 개발하도록 도움을 주세요. 이때는 반드시 엄마의 일방적인 제안이 아니라 아들이 스스로 아이디어를 낼 수 있도록 해야 합니다.

아들 마음 읽기 ✳ 아들이 해야 할 일을 미루는 이유를 먼저 찾아봐야 해요. 해야 할 일이 너무 재미없고 귀찮은 일이라서 그럴 수도 있지만 자기 효능감이 낮거나 완벽주의적인 성향을 가지고 있어서 미룰 수도 있습니다. 아들이 어떤 상황에 놓인 것인지 먼저 잘 살펴본 다음에 적절한 방식으로 도움을 주세요. 성향에 따라 시간관리가 잘 안 되는 이유가 다를 수 있으니 이 부분도 주의해야 합니다.

아들이 학교에서 왕따가 된 것 같은 느낌이 든다면?

학교폭력에 대한 대처, 흥분할수록 손해 막심

아들이 왕따인 듯한 느낌이 드는 순간, 마치 하늘이 무너질 듯한 느낌이 들 겁니다. 하지만 엄마는 심란해하고 고통스러워할 시간이 없어요. 어서 내 아들이 그 혼란스러운 상황에서 벗어날 수 있도록 함께 원인을 파악하고 해결 방법을 찾아야 하니까요.

무엇보다 아들을 닦달하지 말고 어떤 점을 힘들어하는지 이야기를 들어주세요. 왕따를 당한 아들은 많이 외롭고 지친 상태입니다. 한시라도 빨리 내 아들을 왕따로 만든 가해자들을 일일이 찾아내서 그들의 잘잘못을 가리고 싶은 마음은 충분히 이해하지만 부모가 '탐정 역할'을 해서는 안 돼요. 왕따는 집단 역동이기 때문에 누가 가해자인지 구별하기 힘든 경우가 많고, 부모가 가해자를 색출하기 위해 하는 행동들이 아이를 더 궁지로 몰 수도 있거든요.

아들과의 대화를 통해 어느 정도 사실 관계를 파악했다면 담임선생님과 그 문제에 대해 객관적으로 판단할 수 있는 전문가와 의논하여 현명하게 대처하는 것이 좋습니다. 흥분된 마음에 고소부터 한다거나 학폭위를 열어 공론화할 것을 일방적으로 요구하면 부작용이 생길 수도 있어요.

아들이 왕따의 원인을 제공한 것은 아닌지 파악하는 것도 아주 중요한 일이에요. 아직 신체적으로나 정서적으로 성숙하지 못한 학령기 아이들은 특별한 이유 없이 사소한 일로 시비를 걸고 놀리는 경우가 많으니까요.

왕따 문제는 초기 대처가 아주 중요합니다. 사소한 일로 가벼운 갈등이 생겼는데 아들이 자기 표현을 당차고 야무지게 하지 못해 만만한 상대가 되어버렸을 수 있어요. 초기 단계라면 부모와 끊임없는 대화를 통해 함께 계획을 세우면서 하나둘 해결해나갈 수 있도록 합니다. 자기주장이나, 화해, 용서 그 어떤 계획이든 모든 것을 부모와 같이 계획하고 연습하게 해보세요. 아들이 용기를 내어 시도를 하면 주변에서 응원하는 친구들이 생길 수도 있고, 이런 친구들과 좋은 관계를 유지하면 왕따를 당하는 상황에서 멀어지게 됩니다.

하지만 어느 정도 진행되어 아들이 회복할 수 없는 상처를 받은 상태라면 어른들이 개입해야 합니다. 앞에서 말한 대로 전문가의 도움을 받아 객관적인 자세를 유지하며 담임선생님과 해결 방법에 대해 의논해야 합니다. 더불어 아들에게는 어떤 일이 있어도 엄마가 너를 보호해 줄 것이라는 뜻을 전달해주세요.

여러 노력을 기울였음에도 불구하고 원하는 방향대로 잘 해결될 기미가 안 보인다면 전학을 생각해보는 것도 좋습니다. 잘못한 것은 가해자들인데 왜 피해자인 아들이 전학을 가야 하는 건지 억울하고 화가 나겠지요. 그 마음을 충분히 이해하지만 당장 너무 힘들어하는 아들 입장을 먼저 생각해주세요. 아들이 전학을 원한다면 무조건 그 뜻을 수용해줘야 합니다.

자기표현이 확실한 아이들은 왕따를 당하지 않아요. 자기표현이란 자기의 감정이나 의지를 드러내는 일이에요. 여기에는 말도 포함되지만 행동도 포함이 됩니다. 왕따는 분명 가해자의 잘못이지만, 그런 가슴 아픈 사건에 휘말리는 일을 막기 위해서는 평소에 자기표현을 분명하게 하는 태도를 길러야 합니다. 이것은 비단 왕따 문제를 예방할 수 있는 방법일 뿐만 아니라 사회생활을 원만하게 해나가기 위해서도 꼭 필요해요.

아들 마음 읽기 ✳ 아들이 왕따 사건에 휘말렸을 때 부모는 객관적인 입장을 유지하면서 전문가와 담임선생님의 도움을 받아야 해요. 탐정이 되어 가해자를 색출해내는 건 오히려 아들을 더 곤란한 입장에 처하게 할 수 있어요. 초기 단계라면 아들과 함께 해결 방법에 대한 계획을 세워 아들이 그것을 실행할 수 있도록 용기를 주세요. 하지만 이미 아들이 상처를 많이 받은 상태라면 결단이 필요할 수도 있습니다.

최근에 틱 증상을 보이기 시작했다면?
무관심과 기다림이 최고의 처방전

자신도 모르게 반복적인 행동을 하는 것을 '틱'이라고 해요. 반복적으로 눈을 깜빡거리는 아이도 있고 목을 옆으로 까딱거리는 아이도 있고 킁킁거리는 헛기침 소리를 내는 아이도 있지요. 갑작스럽게 괴성을 지르는 아이도 있고요. 전체 아동의 10~20% 정도가 일시적인 틱을 앓고 있으며, 1~3% 정도는 이러한 문제가 1년 이상 지속된다고 해요.

틱은 일상생활에서 지속적인 스트레스를 경험할 때 발생하기도 하지만 유전적인 요인이나 신경생물학적인 요인으로 인해 발생하기도 합니다. 또 출산 과정에서 뇌 손상이 생겼거나 세균 감염으로 인해 면역반응에 이상이 생겼을 때 발생하기도 하지요. 또한 틱은 ADHD(주의력 결핍 과잉 행동 장애)나 OCD(강박장애), 그리고 불안 장애에 동반되는 형태로 나타나기도 해요.

아들이 일상생활에서 학업이나 친구관계, 가정불화 등으로 과도한 스트레스를 받고 있는지 살펴봐 주세요. 스트레스의 원인을 찾아 심리적 불편감을 해소해주는 것이 최고의 틱 치료법이 됩니다. 예를 들어 아들이 수학 문제를 풀 때 유난히 틱 증상을 보인다면 수학 문제를 풀기 전에 마음을 편하게 가질 수 있도록 도와주세요. 어떤 부분이 어려운지 물어보고 단지 연습을 해보는 것뿐이니 틀려도 괜찮다고 다독여주세요.

유전적 요인이 있거나 다른 정신질환으로 인해 시작된 것이 아니라면 대부분의 경우 스트레스와 불안의 일시적 통로일 가능성이 크기 때문에 그냥 어느 날 갑자기 사라질 수 있어요. 그러려면 엄마가 틱 문제에 대해 관심을 갖지 않고 그냥 무시해야 해요. 하지 말아라, 참아봐라 하는 것은 스트레스와 불안을 더 키워서 틱을 더 심하게 만들어요.

일부러 그러는 것이 아니기 때문에 "왜 자꾸 눈을 깜빡이니?" "시끄러운 소리 좀 내지 마." "일부러 기침하는 거지?"와 같은 말로 다그쳐봤자 아무 도움이 되지 않아요. 야단맞으면 잠깐 동안은 참을 수 있을 겁니다. 하지만 참기 위해 애를 쓰면서 긴장감이 높아지기 때문에 결국에는 틱 증상이 더 심해져요. 또 자신 때문에 엄마가 화났다는 생각에 죄책감으로 스트레스가 쌓이면서 틱 증상이 더 심해질 수도 있고요.

틱에 대처하는 가장 좋은 방법은 '무관심'과 '무대응'입니다. 틱 증상은 대부분 일시적으로 나타났다가 어느 순간 자연스럽게 사라집니다. 아이가 자신의 틱 행동으로부터 관심을 끊고 자유로워지는 것이 가장 중요한 과정이에요.

혹시나 틱 때문에 친구들에게 놀림을 당하거나 주변 사람들의 눈치를 보게 될 것이 걱정되어 아들을 안심시켜준다는 명분으로 "지금 네 마음이 편안하지 않아서 일시적으로 그러는 거야. 마음이 편안해지면 사라질 테니 걱정하지 않아도 된단다."라고 위로해주는 것조차 안 하는 게 더 좋습니다. 아들과 마음을 나눠 심리적인 안정감을 찾아주고 싶은 마음에 "어떤 것 때문에 지금 마음이 편안하지 않은 건지 엄마랑 같이 이유를 찾아볼까?"라고 말하는 것도 부담감을 주어 틱을 더 심하게 만들 수 있으니 안 하는 것이 더 좋겠고요.

이 정도만으로 해결이 된다면 천만다행이겠지만, 안타깝게도 만성 틱장애로 진행되기도 해요. 만성 틱장애는 1년 이상 틱 증상이 지속되는 경우를 말하는데, 1%의 아동에게서 나타납니다. 이때는 전문가의 도움을 받아야 합니다.

아들 마음 읽기 ✻ 틱 증상을 보이는 아이들 중에는 대부분 스트레스나 불안감 때문에 일시적으로 나타났다가 자연스럽게 사라지는 양상을 보입니다. 아들이 현재 어떤 점 때문에 스트레스나 불안감을 느끼는지 잘 살펴본 뒤 그것을 유발하는 요소를 제거하면 틱 증상이 많이 좋아질 거예요. 만성 틱장애로 이어지는 경우에는 전문가의 도움을 받아야 합니다.

친구들과 어울리지 않고 집에만 있으려고 한다면?

독립 공간을 좋아하는 것은
성향이자 취향

남자아이들 하면 활기차게 뛰어노는 모습이 가장 먼저 떠오릅니다. 그래서 그런지 집안에서 조용히 지내는 내 아들은 왠지 걱정스럽지요.

이런 경우 대부분의 엄마들은 아들에게 나가서 놀 것을 강요하게 되는데요. 억지로 강요하기에 앞서 아이가 밖에 나가서 뛰어노는 것보다 집 안에서 조용히 혼자 있는 것을 더 선호하는 이유부터 알아야 해요.

아들의 타고난 기질이 수줍음이 많고 내성적이라면 당연히 여러 친구들과 활동적인 놀이를 하는 것보다 혼자 놀거나 마음이 맞는 몇몇의 친구들과 집 안에서 노는 것을 더 선호하게 됩니다. 이런 아들에게 밖에 나가 놀라고 윽박지르듯이 말한다면 아들의 대인관계는 더 엉망이 되고 맙니다. 자신의 성격이나 행동이 잘못된 것이라는 생각이 들어 자신감을 잃을 수도 있거든요.

아들이 단체생활에 적응하는 데 크게 문제가 되지 않는다면 그냥 자신과 비슷한 성향을 가진 친구들과 어울려 놀게 하는 것이 좀 더 편안하게 사회성을 키워나갈 수 있는 비결이 됩니다. 자신의 성향에 맞춰 충분히 욕구를 채우면 그다음은 밖으로 나가고자 하는 욕구가 생길 거예요. 만약 그 욕구가 채워지지 않은 상태에서 밖으로 나가라고 떠밀면 집에서 쉬고 싶은 욕구나 친한 친구들끼리 조용히 놀고 싶은 욕구가 더 커집니다. 그것 때문에 스트레스가 커지면 자신을 지키기 위해 방문을 걸어 잠궈서 엄마와의 소통을 막아버릴 수도 있어요.

친구들과 어울려서 노는 방법을 잘 몰라서 혼자 노는 쪽을 택하는 경우도 있어요. 자기중심적인 아이들은 자신이 원하는 대로만 하려다 보니 친구들이 불편해하는 상황이 발생할 수 있거든요. 짓궂은 장난을 해서 친구들에게 상처를 주기도 하고요. 그러다 보니 친구들이 같이 놀려고 하지 않고, 아들도 친구의 그런 태도가 마음에 안 들어 혼자 놀게 되는 것이지요.

혼자서 책 읽는 것을 좋아하거나 컴퓨터 게임 등에 빠져서 친구들과 어울리는 시간이 적은 아이도 친구들과 노는 방법을 잘 모르게 됩니다. 친구들과 놀이를 하기 위해서는 상대방의 입장도 헤아려주면서 내 입장을 전달해야 하기 때문에 눈치가 빨라야 하거든요. 또래집단

사이에서 유행하는 말투와 놀이에도 익숙해야 하고요. 그런데 혼자 하는 활동에 쏟아붓는 시간이 많으면 무슨 놀이를 어떻게 해야 하는지, 저 친구는 무엇을 좋아하고 싫어하는지를 잘 파악할 수 없잖아요.

아들이 자기중심적인 경우라면 친구가 갖고 놀던 장난감을 갑자기 빼앗으면 친구의 기분이 어떨지, 어떻게 해야 친구의 마음을 상하지 않게 하면서 내가 원하는 것을 얻을 수 있을지, 내 마음대로만 놀이를 하려고 하면 친구들이 어떻게 생각할지 입장을 바꾸어 생각해보는 시간을 가져야 해요.

혼자 보내는 시간이 많은 경우라면 엄마 아빠가 즐겁게 놀아주면서 어울려 노는 즐거움을 일깨워주는 동시에 놀이의 방법에 대해 알려주세요. 또래 친척과 어울리면서 사회성을 키워나가는 것도 아주 좋습니다. 친구들과 어울리게 할 때는 비슷한 성향이나 수준을 가진 친구 몇몇과 놀이 활동을 하여 서서히 사회성을 촉진하도록 합니다.

그럼에도 불구하고 혼자 노는 것이 더 좋다고 한다면 그 마음을 이해하고 수용해주세요. 혼자 노는 게 문제가 될 이유는 없어요.

아들 마음 읽기 ✳ 혼자서, 또는 자신과 잘 맞는 친구와 충분히 놀고 싶은 욕구를 충족하면 다른 시도를 할 수 있으니 걱정하지 마세요. 혹시나 친구들과 함께 노는 방법을 몰라 친구들과 어울리는 것을 힘들어하는 경우라면 부모가 함께 즐겁게 놀아주면서 놀이의 즐거움과 방법에 대해 알려주세요.

본의 아니게 아들이 자위하는 걸 목격했다면?

수치심을 느끼지 않게 하는 게
최대 관건

한마디로 말해 남자아이들의 자위는 일탈이 아닌 본능입니다. 때가 되면 자연스럽게 시작되는 행동이에요. 그런데 엄마는 아들이 자위하는 것을 알게 되면 당황하여 어찌할 바를 몰라하지요. 괜스레 창피해서 얼굴이 화끈거리기도 하고, 뭐 저런 해괴망측한 짓을 하나 싶어 실망스러운 느낌도 들고, 왠지 아들이 못된 짓을 하는 것만 같아 배신감이 느껴지기도 합니다.

보통 자위는 청소년기에 이루어진다고 생각하지만, 초등학교 때부터 시작하는 경우도 생각보다 많습니다. 이 시기의 자위행위는 성을 경험하게 되는 첫 번째 단계예요. 자신의 몸이 어떤 자극에 대해 어떤 반응을 하는지 확인하면서 성적 정체감을 발달시켜나가지요. 또 성

욕을 건전하게 해소하는 과정이기도 합니다.

아들이 자위하는 것을 보았을 때는 모른 척하는 것이 최선이에요. 자위는 완벽하게 사적인 영역이기 때문에 대화를 통해 뭔가를 알려주려는 노력 자체가 아들에게 수치심을 불러일으킬 수 있어요. 반대로 생각해보세요. 딸이 자위하는 것을 본 아빠가 올바른 방법에 대해 조언하겠다고 하면 얼마나 이상한 일이에요.

무언가를 꼭 해주고 싶다면 깨끗하게 마무리할 수 있도록 아들 방에 좋은 티슈를 놓아주세요. 나중에 아들과 진지하게 대화를 나눌 수 있는 기회가 있을 때 은연중에 넌지시 이것에 대해 언급하면 됩니다.

자위에 대한 이야기가 시작되면 일단 몇 가지 규칙에 대해 알려주세요. 자위는 혼자만의 공간에서 내가 나 자신을 상대로만 해야 한다는 게 기본입니다. 시작하기 전에는 손을 깨끗이 씻어 청결을 유지하고 다 끝난 다음에는 뒤처리까지 신경 써야 하는 것도 중요하지요. 도구를 이용하면 생식기에 상처가 생길 수도 있을 뿐만 아니라 세균 감염 가능성도 있기 때문에 피해야 한다는 것도 알려주세요.

보통 음란물을 보면서 하는 경우가 많은데, 이것은 좋은 방법이 아니에요. 여성의 몸에 대한 왜곡된 시선을 만들 수 있을 뿐만 아니라 변태적인 성관계를 보면서 잘못된 성지식을 쌓을 수 있어요. 몸의 감각을 스스로 조절하여 해소하는 과정을 통해 성적 정체감을 발달시켜나가는데 음란물을 보면 이런 과정이 자연스럽게 이루어지지 못하고 자기도 모르게 사정을 해버리기 때문에 이후 정상적인 성관계에 좋지 않은 영향을 끼치게 됩니다.

자위행위가 나쁜 것은 아니지만 그렇다고 자주 하는 것도 좋지 않아요. 보통 일주일에 한두 번 정도가 적당하다고 해요. 혹시나 자위에 집착하는 편이라면 아들이 심리적인 긴장감이나 스트레스를 자위를 통해 해소하려고 하는 것은 아닌지 잘 살펴봐야 합니다. 만약 그런 것으로 추측되면 당연히 스트레스를 해소할 수 있는 놀이나 운동, 다양한 예능 활동을 할 수 있도록 이끌어주세요. 가족여행을 통해 스트레스를 해소하는 것도 아주 좋은 방법입니다.

만약 아들과 이런 얘기를 나누는 것이 너무 불편하고 힘겹다면 엄마가 평소에 성에 대해 어떻게 생각하는지 생각해볼 필요가 있어요. 혹시나 성을 나쁘고 불결하다고 생각하고 있나요? 성에 대해 수치감이나 죄책감이 있나요? 성은 누구에게나 자연스럽고 당연한 것입니다. 아들이 이맘때쯤 자위를 시작하는 것 또한 자연스럽고 당연한 일이고요. 인간의 기본적인 본능을 건강하게 발휘하는 중이니 아무 걱정 안 해도 됩니다.

아들 마음 읽기 ✳ 아들이 자위하는 것을 봤을 때 가장 좋은 대처 방법은 모르는 척하는 것입니다. 만약 아들에게 자위를 할 때 주의해야 할 점에 대해 알려주고 싶다면 그 당시가 아니라 나중에 대화 중에 자연스럽게 시작할 수 있도록 해주세요. 자위에 너무 집착한다면 스트레스를 푸는 도구로 사용하고 있을 수도 있으니 잘 살펴서 적절하게 도움을 주도록 합니다.

담임선생님께 자주 혼나는 아들을 돕는 방법은?

선생님 비난은 No!
지금 필요한 건 이해와 위로

아들이 담임선생님께 혼났다는 이야기를 들으면 아마 엄마가 더 속상하고 우울할 거예요. 혹시나 아들의 학습 태도나 생활 태도에 뭔가 문제가 있지 않나 하는 걱정에다가 담임선생님께 혼날 때 아들이 얼마나 주눅이 들어 있었을까 하는 염려까지 더해지지요.

이 순간 엄마가 해야 할 가장 첫 번째 일이자 가장 중요한 일은 '평정심'을 찾는 것입니다. 아들이 혼났다고 하면 일단 엄마는 아이가 학교생활에 적응을 못하는 것은 아닌지, 선생님께 미운털이 박혀 문제아 취급을 당하는 것이 아닌지 걱정부터 합니다. 지나칠 정도로요.

그러다 보니 "수업시간에 얌전히 좀 있지 그랬어.""선생님 말씀 잘 듣고 공부 열심히 하란 말이야.""그런 친구들이랑 친하게 지내지 말라고 했잖아. 왜 그런 애들이랑 놀아서 너까지 덩달아 혼났니?"와 같은 말로 아들을 심하게 질책하고 말아요. 그러면 아들은 다시는 이런 고민이 생겨도 엄마에게 털어놓지 않을 거예요. 지금 아들은 엄마의 도움이 절실합니다. 자신의 학교생활에서 가장 중요한 부분을 차지하는 담임선생님께 혼나지 않을 수 있는 방법을 세상에서 가장 신뢰하고 사랑하는 엄마에게 물어보고 있는 중이에요.

대화의 목적을 알았다면 현명하게 대처해야겠지요. 가장 먼저 아들이 담임선생님께 혼나서 속상한 마음을 마음껏 표현할 수 있도록 해주세요. 울거나 소리를 지르는 것도 다 수용해주세요. 속상해하는 아들의 마음을 충분히 공감해주고 엄마도 그런 상황에서는 너무 많이 힘들었을 것이라고 얘기해줘서 누구나 힘들어할 수 있는 문제라는 사실을 언급해주세요. 엄마가 담임선생님 때문에 힘들고 억울했던 초등학교 시절 이야기를 들려주는 것도 아주 좋습니다.

하지만 여기에서 끝나면 안 되겠지요. 다음 단계에서는 담임선생님이 그렇게 할 수밖에 없었던 상황이나 마음을 이야기해주면서 아들이 속상한 마음을 정리할 수 있도록 해주어야 합니다. "너만 떠든 게 아닌데 혼자만 혼나서 많이 속상하겠구나. 엄마였어도 너무 억울하고 슬플 것 같아. 하지만 선생님은 한꺼번에 모든 아이들을 볼 수는 없어. 사람의 눈과 귀는 두 개밖에 없으니까. 선생님이 다 보고 들을 수 있었으면 좋았을 텐데 참 안타깝네."라고 이야기해주면 됩니다.

그다음은 같은 일이 발생하지 않도록 아들을 준비시켜야 합니다.

아들이 숙제한 것을 못 챙겨가서 담임선생님께 야단맞은 상황을 가정해봐요. 아들이 "엄마 어제 열심히 숙제한 것을 가져가지 못해서 선생님께 혼났어요."라고 말하면서 속상해하고 있을 때 "그러게 엄마가 뭐라고 그랬어? 숙제한 것 좀 미리미리 잘 챙겨놓으라고 했지? 엄마 말 대충 흘려들을 때부터 그럴 줄 알았어. 제발 엄마 말 좀 잘 들어!"라고 말하는 것은 정말 나쁜 예에 속합니다.

담임선생님께 혼나서 속상해하는 아들에게는 이런 위로가 필요해요. "힘들게 숙제했는데 선생님께 혼나서 속상하겠네. 그런데 선생님은 규칙을 지켜야 하는 사람이니까 어쩔 수 없었을 거야. 다음부터는 숙제를 마치면 바로바로 가방에 잘 챙겨 넣자."라고 이야기해주는 거예요. 아들은 속상했던 마음도 풀리고 앞으로 어떻게 해야 하는 것이 좋을지에 대한 방법도 터득하게 됩니다.

아들이 담임선생님께 혼나고 와서 속상해하는 모습을 보고는 순간적인 화를 참지 못하고 "너희 선생님은 뭘 그런 걸 가지고 혼내고 그런다니?" "엄마가 보기엔 너희 선생님이 좀 이상한 것 같아."처럼 담임선생님을 비난하는 말을 쏟아내면 안 됩니다. 이것은 상황을 더욱더 악화하는 꼴이 되고 말아요. 이런 이야기를 듣게 되면 아들은 은연중에 담임선생님은 나쁘고 이상하고 잘못된 사람이라는 생각을 하게 되어 담임선생님 말을 더욱더 안 듣게 되거든요. 세상에 나쁘고 이상한 사람의 말을 잘 들어야겠다고 생각하는 사람이 어디 있겠어요. 담임선생님 말을 안 듣게 되면 담임선생님께 더 혼나게 될 테니 그야말로 엉망진창이 되어버리겠지요. 이런 단계들을 거치다 보면 아들은 담임선생님 마음도 이해하게 되고 문제가 되었던 자신의 행동도 개선하려는 노력을 보일 것입니다.

심리적으로 불안하여 수업시간에 산만하게 행동하고 집중을 하지 못하는 바람에 선생님께 지적을 당하는 경우도 있어요. 어른들도 심리적으로 불안하면 한 가지 일에 집중하지 못하고 안절부절못하는 모습을 보이잖아요. 이런 이유라면 심리적으로 불안한 원인을 찾아 그것부터 해결해줘야 합니다.

학습 능력이 떨어지는 것도 학교에서 선생님께 자주 혼나는 이유가 돼요. 아무래도 학습 능력이 떨어지면 학습에 대해 흥미를 느낄 수 없으니까 수업 시간에 집중을 하지 못해 선생님께 혼나기 일쑤겠지요. 이때는 아들이 수업 과정을 잘 따라갈 수 있도록 학습 지도를 해줘야 합니다. 학원보다는 가정에서 엄마와 아빠가 도와주는 것이 좋아요. 부모가 아들을 가장 잘 이해할 수 있을 테니까요.

아들 마음 읽기 ✳ 학령기 아들이 담임선생님께 혼나고 돌아오면 많이 속상할 거예요. 선생님께 야단을 맞은 이유를 찾아 그것을 고쳐주려고 하지 말고 우선 아들이 속상한 마음을 마음껏 표현할 수 있도록 해준 뒤, 억울한 심정에 대해 공감해주세요. 그다음 그 문제를 슬기롭게 해결할 수 있는 방법을 제시해줍니다. 선생님의 행동이 이해되지 않더라도 선생님을 비난하는 말을 하면 담임선생님에 대한 부정적인 선입견을 심어주어 더 말을 안 듣게 될 수 있으니 삼가야 해요.

학원을 보내는 데도 나아지는 게 하나도 없다면?

우리 아들이 학원 들러리?

학원에 다니는데도 성적이 오르지 않는다면 학교에서의 평가만으로도 힘든 상황인데 학원에서까지 평가받으면서 이중고를 겪고 있는 셈이에요. 만약 마음이 여리고 착한 아이라면 부모에게 미안한 마음이 들 수도 있습니다. 엄마 아빠가 힘들게 번 돈을 자신의 교육을 위해 아낌없이 투자하는데 자신의 성적은 엉망진창이니 마음이 편치 않겠지요.

반면 정말 아무 생각 없이 기계적으로 학원에 가는 아이도 있습니다. 뭘 배우고 얼마나 성장하고 있는지 따위에는 아무 관심 없이 남들도 다 가니까 그냥 나도 가는 거예요. 친구들 만나러 학원으로 향하는 아이도 있을지 모릅니다. 학원 끝나고 친구들이랑 편의점 가서 컵라면을 사 먹거나 PC방 가는 재미로요. 만약 이 정도의 결과를 얻기 위해 돈과 시간과 에너지를 투자하는 것이라면 어쩔 수 없겠지만, 아들의 성적 향상을 위해 학원에 보내는 것이라면 이것은 밑 빠진 독에 물 붓기와 다를 바 없어요.

엄마가 과감하게 결단을 내릴 필요가 있어요. 학원 보내는 것을 다 멈추라는 것은 아니에요. 아들과 진지하게 대화를 나누어야 합니다. 학원을 그만두는 것도, 학원을 바꾸는 것도, 학원을 계속 다니는 것도 아들 스스로 결정해서 실행하도록 하는 것이 맞습니다.

우선은 아들이 학원에 다니면서 어떤 어려움을 겪고 있는지에 대해 귀를 기울여주세요. "요즘 네가 학원에 다니는 걸 많이 힘들어하는 것 같아서 엄마가 걱정이 되는구나. 어떤 점이 힘든지 얘기해 줄 수 있겠니?"라고 말하면서 아들이 부담 없이 마음을 털어놓을 수 있도록 해주세요.

만약 아들이 힘든 부분에 대해 이야기하면 엄마가 어떤 부분을 도와주면 좋을지 물어보세요. 엄마가 도와줄 테니 힘내서 한번 이겨내 보자고 용기도 주고요. 해결할 수 있는 문제라면 정면 돌파해서 맞닥뜨려보는 것도 좋은 경험이 될 테니까요.

아들이 공부하는 게 너무 힘들어서 쉬고 싶다고 말하면 그것을 수용해주세요. 다만 학원에 가지 않았을 때 어떤 위기가 찾아올지에 대해 꼭 이야기해주세요. "학교 끝나고 바로 학원에 가는 게 많이 힘들고 피곤하다는 것 엄마도 잘 알고 있어. 하지만 학교에서는 많은 아이들이 모여 공부를 하니 선생님들이 한 명 한 명 꼼꼼하게 봐주기가 힘들지. 또 모든 아이들이 수준이 다르니 평균치 정도에 맞춰 수업이 진행되니 못 따라가는 아이도 있고 부족하다고 느끼는 아이도 있을 거야. 그런 부분을 보충하기 위해 학원에 다니는 거지. 학원에 가지 않으면 학교 공부가 더 어려워질 수도 있어."라고 말해주면 됩니다. "혹시나 학원에 다시 다니고 싶어지면 언제든지 엄마에게 이야기해줘."라는 말을 통해 마음의 짐도 좀 덜어주세요.

또 다른 친구들이 학원에 있는 동안 무엇을 하면서 그 시간을 보낼 것인지 스스로 생각하고 계획을 짤 수 있도록 도와줘야 합니다. 그래야 그 시간들이 헛되지 않고 재도약할 수 있는 밑거름이 되니까요.

억지로 학원을 보낸다고 무조건 성적이 올라가는 것은 아니에요. 학원에 다녀도 성적이 오르지 않으면 오히려 열등감만 더 커질 수 있어요. 학원에 안 다닌다고 큰일 나는 것은 아니니 아들을 위한 가장 현명한 결단을 내려주세요.

아들 마음 읽기 ✳ 학원을 다니는데도 성적이 오르지 않으면 성적에 대한 부담감과 좌절감을 두 배로 높이는 결과를 초래할 수 있어요. 아들과 함께 학원 문제를 의논해보세요. 어떤 어려움을 겪고 있는지 경청해주고 도와줄 수 있는 부분은 적극적으로 도와주세요. 너무 힘들어한다면 잠깐 쉬는 것도 좋습니다. 하지만 학원을 계속 다니는 것도, 잠시 쉬는 것도 모두 아들 스스로 결정할 수 있도록 해주세요.

엄마
마음챙김
04

엄마가 받아들여야 할
아들의 특성

아들을 키우는 엄마들의 고민 가운데 원래 아들들이 가지고 태어난 고유한 특성과
엄마가 인정하고 받아들여야 할 고민들을 모았습니다.

아들 엄마의 고민

옷과 외모에 너무 신경을 써서 못마땅할 때는?

외모에 관심이 많다는 건
섬세하다는 것

외모에 대한 기본적인 생각은 아이들이라고 해서 어른들과 다를 바 없습니다. 또한 보통은 여자아이들에 비해 남자아이들은 외모에 관심이 적을 것이라고 생각하지만 그것도 아니에요. 남녀노소를 불문하고 다른 사람의 반응에 민감하거나 사회적 지지를 많이 받고 싶어 하는 경우 외모를 가꾸는 데 많은 공을 들이지요. 자기만의 패션에 관심이 있는 경우에도 남녀노소를 떠나 외모에 신경을 많이 씁니다.

외모에 대한 관심은 유아기에 시작된다고 보면 됩니다. 잘 알려진 대로 유아기 때부터 자기 개념이 생기는데, 그러면서 학업·운동·사회적 기술·외모 등 여러 가지 방면으로 자신을 평가하게 돼요. 외모도 본인 스스로를 평가하는 요소 중 하나이기 때문에 타인으로부터 긍정적인 평가를 받게 되면 자신감이 올라가고 부정적인 평가를 받게 되면 자신감이 떨어지겠지요.

아무래도 외모가 출중하면 다른 사람들로부터 더 많은 관심을 받잖아요. 스스로 느끼는 만족감도 훨씬 커지고요. 남자아이들은 외모에 대해 무감각해야 한다고 단정짓고는 아들이 외모를 돋보이게 하기 위해 노력하는 것을 무턱대로 비난하고 꾸중하면 안 됩니다. 좀 더 나은 외모를 꿈꾸는 아주 자연스러운 행동이니까요.

만약 외모를 돋보이게 하기 위해 노력을 하고 있는 아들에게 "남자가 왜 이리 외모에 신경을 쓰니?"라든가 "남자가 아무 옷이나 입으면 어때?"라는 말을 한다면 어떤 일이 생길까요? 외모를 가꾸는 과정도 많은 노력이 필요합니다. 나름 계획을 세우고 시간과 에너지를 투자해야 하지요. 이렇게 노력을 했는데 그것에 대해 비난을 받으면 열등감이 생기고 말아요. 열등감이 생기면 곤두박질친 자신감을 회복하기 위해 더 과하게 집착한다든가 더 이상한 행동을 할지도 몰라요.

아이들이 노력하는 부분은 그것이 무엇이든 간에 성취 과정을 인정하고 존중해줘야 합니다. 아들이 외모에 신경을 쓸 때 "와! 개성 있는 스타일이네. 빨간색 티셔츠와 회색 바지가 참 잘 어울린다."라고 칭찬을 해보세요. "엄마가 도와줄 건 없니?"라고 물어보기까지 하면 더 좋습니다. 이렇게 하면 아들은 자신의 노력이 가치 있다고 생각하겠지요. 자연스럽게 자신감도 향상되고요. 이 과정을 통해 너무 심하게 외모를 치장하려는 집착이 사그라지게 됩니다.

하지만 외모에 대한 관심이 지나치게 심할 경우에는 한 번쯤 문제를 직시할 필요가 있습니다. 예를 들어 옷을 지나치게 많이 산다든가, 머리 모양을 하루에 몇 번씩 손질한다든가, 하루 종일 거울 앞에서 벗어나지 않는 등의 모습을 보인다면 그것의 원인에 대해 살펴볼 필요가 있어요.

아들이 외모에 지나치게 관심을 두는 것은 외모에서만 자신의 정체성을 찾으려고 하기 때문입니다. 앞에서 얘기했다시피 학업·운동·사회적 기술·외모 등 여러 방면으로 자신을 평가하고 정체성을 찾아야 하는데, 오직 외모에서만 가치를 찾고 거기에서 자신감을 얻는 거예요. 다시 말해 자신이 인정받을 수 있는 가치가 외모밖에는 없다고 생각하는 것입니다.

외모에 대한 관심이 너무 과하다고 하더라도 "무슨 애가 하루 종일 거울 앞에만 있니?" "뚱뚱하니까 아무리 예쁜 옷을 입어도 스타일이 안 살잖니. 살부터 빼." "너는 왜 그런 옷이 좋다는 거니? 대체 이해를 못하겠다."와 같은 비난은 안 됩니다. 오직 외모를 통해서만 인정받을 수 있다고 생각하는데 그것을 부정하고 비난하면 아들의 자신감이 곤두박질치겠지요. 뿐만 아니라 정도가 더 심해질 수도 있어요. 아들이 어떤 것을 잘하기 위해 노력했는데 이것에 대해 부모가 비난을 하거나 일방적으로 방향을 바꾸려고 하면 오히려 열등감이 더 심해져서 자신이 생각한 방향으로 더욱더 고집을 부릴 수 있거든요.

당장은 아들의 행동이 못마땅하고 이해가 안 되더라도 일단 "오늘

패션은 좀 새롭네. 요즘 유행하는 스타일이니?" "바지 색깔과 티셔츠 색깔이 정말 잘 어울리는구나. 잘 골랐네." "오늘 머리 스타일이 아주 멋진걸."이라고 기분을 맞춰주면서 자신감을 키워주세요. "오늘 고른 옷에는 모자를 쓰는 게 더 잘 어울릴 것 같아."라면서 진정성 있게 조언해주는 것도 아주 좋습니다. "스타일링이 하루하루 발전하는 것 같네. 역시 노력하면 뭔가 달라진다니까." 하면서 더 나아지려고 노력하는 모습을 칭찬해주는 것도 아들의 자신감을 드높이는 비결 중 하나입니다.

아들 마음 읽기 ✳ 자신의 외모를 돋보이게 하여 다른 사람들로부터 더 많은 관심을 받고 싶어 하는 마음은 남자아이라고 해서 다를 바 없습니다. 외모를 가꾸기 위해 노력한 부분을 칭찬해줌으로써 아들의 자신감을 키워주세요. 외모에 너무 집착할 경우에는 그런 상황을 충분히 이해해주는 동시에 다른 장점을 찾을 수 있는 기회를 마련해주세요.

나이에 맞지 않게 너무 조용하고 우울해 보여 걱정이라면?

조용한 것인지 우울한 것인지부터 파악하기

초등학교에 다니는 남자아이들의 모습을 떠올리면 가장 먼저 떠오르는 단어가 산만하다, 과격하다, 소란스럽다, 까분다 정도가 되겠지요. 이 시기의 남자아이들은 이런 모습을 보이는 게 보편적이기는 하지만 모두가 그런 것은 아니에요. 개인적인 성향에 따라 전혀 그렇지 않은 모습을 보이는 아이도 있으니까요. 산만하지 않고 꼼꼼한 남자아이도 있고, 과격하지 않고 부드러운 남자아이도 있어요. 소란스럽지 않고 조용한 남자아이도 있고, 까불지 않고 다소곳한 남자아이도 있습니다. 그것은 그 아이만의 개성이고 성향이에요.

아들이 친구들과 어울리는 것보다 조용하게 혼자만의 시간을 보내는 것을 좋아한다고 해서, 혹은 친구들과 어울리더라도 관계를 주도하기보다 조용히 맞춰주는 모습을 보인다고 해서 그것이 문제가 될 수는 없습니다. 보통 활동성이 낮고 섬세한 아이들이 이런 모습을 보여요. 이런 아이들은 기질적으로 너무 많은 자극을 좋아하지 않아요. 그래서 여러 명이 어울려 시끌벅적하게 노는 것보다 혼자 조용히 노는 것을 선호하고 거칠게 뛰어노는 것보다 따뜻한 햇볕을 쪼이며 편안히 쉬는 시간을 선호해요.

아들이 이런 모습을 보인다면 아들의 성향을 존중해주고 너무 많은 자극에 노출되지 않도록 해주세요. 아들 스스로 감당할 수 있을 만큼의 물리적 자극과 사회적 자극을 주면 됩니다. 아무것도 안 하고 쉬고 있을 때나 아무 생각 없이 멍하게 있을 때도 그냥 다 허용해주세요.

하지만 아들이 단지 얌전하고 조용한 것이 아니라 우울해 보인다면 주의 깊게 살펴볼 필요가 있어요. 다음과 같은 경우 우울함을 느끼는 상황이라고 판단할 수 있어요.

- 자주 아프다고 얘기하지만, 실제 몸에 문제가 있는 것은 아니다.
- 모든 생활에서 부정적인 시각을 보인다.
- 친구가 있는데도 외롭고 슬프다고 이야기한다.
- 괴롭히는 사람이 없음에도 본인이 괴롭힘을 당하고 있다고 얘기한다.
- 공부건 운동이건 잘하고 싶어 하질 않는다.
- 일상적인 생활에 흥미가 없다. 모든 것이 지루하다고 말한다.
- 할 일이 없을 땐 TV만 본다.

- 한참 클 나이에 체중이 늘지 않는다.

학령기 아이들이 우울감을 느끼는 것은 대부분 성장 과정에서 그 문제점을 찾아볼 수 있습니다. 다른 사람의 칭찬을 받은 경험은 적은 반면 지적을 당하거나 비난을 받은 경험은 많아서 자존감이 낮아진 거예요. 자신은 잘하는 게 없다는 생각이 우울감을 불러일으키는 것이지요. 이 경우라면 아들에게 따뜻한 칭찬과 격려를 듬뿍 주는 것이 최고의 처방전이 될 거예요.

가정환경이 우울감을 유발할 수도 있어요. 가족 간의 불화나 경제적 어려움에 빠진 가정형편이 우울감의 원인이 될 수 있고, 부모의 우울감이 아들에게 옮겨갈 수도 있습니다. 아들이 그런 요인으로 위축되고 긴장하지 않도록 신경 쓸 필요가 있습니다.

간혹 ADHD 같은 질환이 있는 경우에도 우울감을 보일 수 있어요. ADHD의 주된 증상이 주의력 결핍이잖아요. 주의력 결핍으로 인해 주변에서 많은 지적을 당하고 비난을 받다 보면 우울감에 빠질 수 있거든요. 옆의 체크리스트로 확인하고 ADHD가 의심된다면 적절한 도움을 줘야 해요.

아들 마음 읽기 ✳ 남자아이도 말이 없고 신체적인 활동을 좋아하지 않을 수 있습니다. 이것은 아들이 타고난 성향이고 개성이에요. 이런 성향의 아이는 자극이 너무 많으면 스트레스를 받기 때문에, 아이가 감당할 수 있는 자극만 주어야 합니다. 만약 아들이 단순히 조용하고 내성적인 것이 아니라 우울해 보인다면 그 원인을 파악하여 적절한 도움을 주면 됩니다.

부모가 간단하게 체크해 보는 아들의 ADHD 요인

내 아이가 ADHD가 아닐까 고민된다면, 평소 아들의 행동을 잘 관찰한 뒤 아래의 각 문항에 해당 여부를 ○×로 체크해보세요.

내 아이 ADHD 요인 체크 문항

1 안절부절못하거나 조바심을 낸다.
2 혼자 콧노래를 부르거나 이상한 소리를 낸다.
3 쉽게 흥분하고 충동적이다.
4 부주의하고 쉽게 주의가 분산된다.
5 한번 시작한 일을 끝내는 데 어려움이 있다.
6 싸움이나 말다툼을 잘 한다.
7 자만심이 나타난다.
8 폭발적으로 화를 낸다.
9 반항적이다.
10 비협조적이다.

결과 해석

1, 2, 3, 4, 5, 10번 문항에 해당한다면 부주의나 과잉 행동이 요인입니다. 6, 7, 8, 9번 문항에 해당한다면 적대적이거나 반항 행동이 요인입니다. 1~10번 문항에 두루 해당한다면 복합적인 요인입니다. 그 빈도와 정도가 심하다면 전문가와 상담을 하는 게 좋습니다.

매사 소극적이고 부끄러움이 많은 이유가 궁금하다면?

'사내대장부'라는 말에
갇혀 사는 아들

아들의 첫 번째 공개수업 날, 부푼 기대감을 안고 학교로 향했습니다. 아들의 기를 살려주기 위해서 옷차림과 머리스타일에도 상당히 신경을 썼지요. 나름 가격이 나가는 가방과 신발과 액세서리도 착용했고요. 그렇게 기대에 잔뜩 부풀어 학교로 향했습니다. 그런데…….

다른 아이들은 초대된 부모에게 조금이라도 더 멋진 모습을 보여주기 위해 대답도 크게 하고 손도 번쩍번쩍 잘 드는데 우리 아들은 혹여나 선생님과 눈이 마주치면 발표하라고 할까 싶어 수업 내내 고개조차 들지 못하고 있네요. 다들 큰 소리로 대답해야 하는 순간에도 입 한번 벙긋하지 못하고 눈치만 슬슬 살핍니다. 그러다가 어떻게 선생님의 레이더망에 걸려 발표를 하게 되었는데, 잔뜩 겁먹은 눈망울로

멍하니 서 있기만 할 뿐입니다.

이런 경험이 있는 엄마라면 이때 폭풍처럼 휘몰아치는 절망감과 자괴감에 공감할 거예요. 어쩔 수 없이 똘망똘망한 눈빛으로 또박또박 발표를 잘하는 아이와 비교되어 한없이 우울해질 겁니다.

자기 자신이 내성적인 성향을 가지고 있어서 평소에 그것이 너무 불만족스러웠던 엄마에게는 그런 아들의 모습이 더욱 못마땅하게 느껴질지도 모릅니다. 그래서 실망스러운 마음에 "뭐가 부끄럽다고 그래. 다 아는 사람들인데."라든가 "대답하는 게 뭐가 그렇게 힘들다고 그러니?"와 같은 비난하는 말을 하는 경우도 있습니다. 또는 "얼른 앞에 나가서 이야기하고 와."라고 말하면서 억지로 뭔가를 하게 만들기도 하지요. 반면 그 마음을 너무 잘 알기에 아이가 불편해하는 점을 없애주려고 미리 팔 걷어붙이고 나서는 엄마도 있어요.

어떤 방법도 아들에게 좋지 않습니다. 전자의 경우는 안 그래도 소극적인 아들에게 더욱 위축되게 만듭니다. 후자의 경우는 아들이 어렵게 생각하는 부분을 극복해보려는 시도조차 하지 않게 만들지요.

유독 부끄럼이 많다는 것은 사회적 민감성이 높다는 것을 뜻해요. 사회적 민감성이 높으면 다른 사람을 많이 의식하기 때문에 적극적으로 나서고 자신의 생각을 표현하는 데 큰 부담을 느낍니다.

그런데 그것 아세요? "너는 다른 애들처럼 못하니?" "뭐가 무서워서 그러니?" "다른 사람이 너를 어떻게 생각하겠니?" "답답해 죽겠다."처럼 부끄러워하거나 우물쭈물하는 행동을 비난하는 것이 독이 됩니다. 이와 같은 말들은 안 그래도 자신감이 부족한 아들을 더욱더 위축되게 만들기 때문이에요. 불난 집에 기름을 끼얹는 것과 다를 바 없어요.

특히 남자아이는 왠지 활발하고 적극적이고 활동적인 것이 당연한 듯한 느낌이 들잖아요. 그래서 상대적으로 소극적이고 내성적인 아들에게 "사내대장부가 돼서 왜 이렇게 부끄러워해? 그래서 뭐가 되려고?"라는 말을 쉽게 내뱉을 수 있습니다. 이 말이 자극제가 되어 아들이 좀 더 적극적이고 자신만만한 모습을 갖추게 되기를 바라겠지만 이것은 아들을 더욱 위축시키는 결과를 초래하고 말아요.

부끄럼을 많이 타고 소극적인 아이는 사회적 민감성이 아주 높습니다. 그래서 다른 사람의 평가에 더 예민하게 반응하지요. 높은 사회적 평가를 받고자 하는 욕구가 아주 크니까요. 이때 "사내대장부가 왜 그러니?"라는 비난은 아들의 마음을 아프게 함과 동시에 노력하려는 의지마저 뭉개버리고 말 거예요.

가장 좋은 해결책은 다른 사람 앞에서 당당해질 수 있는 방법에 대해 꾸준히 이야기를 나누는 것이에요. 너무 재촉하는 것은 아이를 부담스럽게 할 수 있으니 여유를 주는 것도 잊지 말아야 해요.

"남들 앞에서 네 소리를 내는 것이 쉽지 않지? 그래도 당당하게 다른 사람들 눈치 보지 않고 잘해보고 싶지 않니? 네가 잘할 수 있는 것부터 천천히 시작하면 돼. 무엇부터 해볼까? 노래하는 건 힘들지만, 아이들 앞에서 책을 읽는 것은 할 수 있겠니? 용기를 조금만 더 내면

할 수 있을 것 같은 데. 이번에 못하면 다음에 해도 돼."

이런 격려와 함께 평소에 아들이 무언가를 자신 있게 할 수 있는 기회를 자주 만들어주면 자신감을 키워나가는 데 큰 도움이 될 거예요. 발표를 잘 못하는 아들에게 발표할 수 있는 기회를 만들어주지 않아도 돼요. 다른 아이들 앞에서 힘이 얼마나 센지 보여줄 수도 있고, 얼마나 높이 뛸 수 있는지를 보여줄 수도 있어요. 무엇이든 아들이 잘하는 영역을 찾아낸 뒤 그것을 통해 사회적인 당당함을 키울 수 있도록 도와주면 됩니다.

적당한 롤모델을 골라 그 사람의 이야기를 들려주는 것도 묘안이 될 수 있어요.

"너 가수 ○○○ 알지? 그 사람도 어렸을 때는 수줍음을 많이 타서 학교생활이 너무 힘들었대. 친구들에게 놀림도 많이 당했다고 하더라. 그런데 어느 날 친구들 앞에서 장기자랑을 해야 할 일이 있어서 가장 자신 있는 노래를 불렀는데 아이들이 그 모습을 좋아했다는 거야. 그 때부터 자신감이 생겨 노래를 부르는 직업을 선택하게 되었대. 지금도 여러 사람들 앞에 서는 건 여전히 부끄럽지만 자기 노래를 좋아해주는 팬들을 보면서 당당하게 무대에 설 수 있는 힘을 얻는대."

무엇을 하든 부끄러워하며 소극적으로 대처하는 아들을 둔 부모는 답답하고 걱정스러운 마음이 앞서겠지만, 반대로 너무 극성스럽고 산만하여 선생님들로부터 지적을 받지 않는 날이 드문 개구쟁이를 둔 부모들에게는 오히려 부러움의 대상일 수도 있어요. 모든 아이들이

다 같은 모습을 하고 있을 수는 없잖아요. 다양한 개성들이 만나 완벽한 조직을 이루는 법이랍니다.

아들 마음 읽기 ✳ 사회적 민감성이 높은 아이들은 소극적이고 자신 없는 모습을 보입니다. 지금 아들의 모습이 걱정스럽고 마음에 들지 않더라도 그 모습을 비난하거나 무언가를 시도해볼 것을 재촉하면 역효과만 납니다. 여유를 가지고 아들이 잘하는 것을 찾아 그것을 통해 사회적인 당당함을 키울 수 있도록 해주는 것이 중요해요.

실전 토크 35

아들에게 중요한 것은 미래가 아닌 지금 이 순간

아들이 시험을 잘못 보았을 때 가장 속상한 사람은 누구일까요? 엄마? 아빠? 아니면 아이를 지도한 선생님? 절대 아닙니다. 시험을 잘 못 보았을 때 가장 속상하고 부끄럽고 아쉬운 건 시험을 본 당사자, 바로 아들이에요. 속상하고 부끄러운 마음이 감당이 안 되니까 일단 회피하는 전략을 쓰는 것이라고 보면 됩니다. 실패한 수행 결과를 들여다보는 것도 두려울 테고요. 일단 그것을 인지하고 이해하는 데서 부터 출발해야 시험 점수가 엉망이라 부끄럽고 두려운 아들을 보듬어 줄 수 있어요.

아들의 시험 점수가 엉망이라 실망스럽더라도 먼저 아들의 마음 부터 위로해줘야 합니다. 아들을 위로해주기보다 자신의 속상한 마음을 토로하는 데 치중하는 엄마의 모습은 아들에게 많은 좌절과 실망을 안겨줍니다.

"창피해서 어떻게 얼굴을 들고 다니니?" "네 아빠에게는 뭐라고 하니?" "도대체 누굴 닮아 머리가 이렇게 나쁜 거니?" "정말 속상해 죽겠다." "시험도 못 봤으면서 피자를 먹을 자격이 있어?"와 같은 말은 아들을 비난하는 뜻을 담고 있어요. 그래서 아들에게 큰 수치심을 주지요. 수치심을 느끼면 아들은 더욱더 실패한 결과를 회피하려고 할 거예요.

그렇다고 해서 "괜찮아, 별거 아니야."라고 말하는 것도 현명하지 못해요. 아들이 속상한 것은 분명한데 엄마가 별거 아닌 것으로 치부해버리면 마음이 가벼워지기보다는 엄마가 내 마음을 잘 모른다는 생각을 할 수 있거든요. 또한 진짜로 시험 점수는 별거 아니니 열심히 공부 안 해도 되겠다는 마음이 들게 할 수도 있습니다. 남자아이의 경우 다른 사람이 애매하게 말을 하면 그 안에 숨어 있는 의도를 잘 파악하지 못하는 경향이 있어요. 그래서 자신에게 편한 대로 넘겨짚고 해석하지요.

열심히 공부하는 것은 중요하지만 시험 점수 때문에 실망하지 않아도 된다는 사실을 아들에게 꼭 짚어서 이야기해주세요. 이번 시험에서 결과가 안 좋더라도 그것이 네 인생을 좌지우지하는 것은 아니고 다음에 열심히 하면 좋은 결과가 있을 것이라는 사실을 알려주어 성실한 배움의 가치를 배울 수 있도록 해야 합니다.

아마 여기까지 읽고 나서 '아, 그렇구나. 그동안 내가 잘못했었네.'라고 생각하는 엄마도 있겠지만 '그걸 누가 모르나. 그런데 그 점수 맞고서도 아무 생각 없이 깐족거리고 빈둥거리는 아들을 보면 절대 좋은 소리가 안 나오는데 어떡해.'라고 한숨 쉬는 엄마도 있으리라 생각합니다. 충분히 공감합니다. 대부분의 엄마 마음이 그러니까요. 저도 그런 경험을 수없이 되풀이했고요.

앞으로 뭐가 되려고 그러는지 걱정되지요? 하지만 학령기 아이들은 미래에 대한 상상력이 크게 부족하기 때문에 미래의 행복을 위해 현재 공부를 열심히 해야 한다는 건 전혀 마음에 와 닿지 않아요. 이 시기 아이들에게는 미래를 위해 목표를 설정하고 꿈을 이루기 위해 노력하는 것보다 친구들이랑 편의점 가서 컵라면을 먹고 새로 나온 게임기에 대해 이야기하는 것이 훨씬 중요한 일이지요. "커서 뭐가 될래? 그러다 거지 된다." "미래를 위해 지금은 공부를 열심히 해야 할 때야."라는 메시지는 허공에 대고 외치는 독백 정도밖에 안 될 거예요.

아들에게 열심히 공부하는 자세를 키워주는 것이 무엇보다 중요하지만 그것이 잘 안 되는 상황이라면 억지로 강요해서 갈등만 키워나가지 말고 다른 방법을 찾아보면 좋겠어요. 이 세상 모든 일들이 억지로 하라고 하면 더 하기 싫지만 그중에서도 공부가 으뜸이잖아요.

원하는 결과를 얻지는 못하면서 아들과 신경전을 벌이느라 몸과 마음이 지칠 바에는 차라리 집 안에서 이루어지는 일을 돕도록 하거나 엄마의 가사를 분담하도록 해서 성실성과 근면성을 키워나가는 연습부터 시킬 것을 추천합니다. 자신이 원하는 것을 얻기 위해서는 책임을 지고 스스로 문제를 해결하는 과정이 필요하다는 것을 알려주는 거예요. 지금 열심히 공부하지 않으면 나중에 고생한다처럼 아들이 당최 이해할 수 없는 경고를 하는 것보다는 이렇게 작은 일부터 자신에게 주어진 책임을 다하는 연습을 하도록 하는 것이 훨씬 얻는 게 많습니다.

아들 마음 읽기 ✳ 아들이 시험을 못 보고도 아무렇지 않은 척하는 것은 부끄럽고 속상한 마음을 감추기 위해서예요. 좋지 않은 결과와 마주해야 하는 상황이 두려운 탓도 있고요. 시험을 못 봤다고 실패한 것은 아니라고 위로해주면서 열심히 공부하면 좋은 결과가 있을 것이라고 격려해주세요. 공부하는 자세를 키워주기 어렵다면 집안일울 돕도록 해서 성실성과 근면성부터 키워나가야 합니다.

실전 토크
36

세상의 모든 취미는 다 아름다워요

지인 중 한 명은 아들의 취미가 십자수여서 너무 당황스럽다고 합니다. 그 많은 취미 중 왜 하필이면 그렇게 궁상맞고 쪼잔한 취미를 갖게 되었는지 한심스럽다네요. 차라리 또래 남자아이들처럼 게임에 빠지는 게 나을 것 같다며요. 친구들끼리 모여 축구를 하거나 영화를 보러 다닌다면 더 바랄 게 없겠고요.

십자수가 어떻다고 그러는 걸까요? 잘 알다시피 손을 움직이는 활동들은 두뇌계발을 촉진하잖아요. 게다가 밖에 나가 돈 쓰고 사고 치는 것에 비해 얼마나 건전한 취미활동이에요. 하나의 작품을 완성했을 때 느껴지는 성취감도 아이의 정서 발달에 매우 긍정적인 영향을 끼치는데 대체 뭐가 문제라는 걸까요?

짐작은 갑니다. 우리는 보통 십자수는 '여자의 영역'이라고 생각하니까요. 여자의 영역인 십자수에 남자인 내 아들이 발을 디뎠다는 사실만으로도 불편하고 언짢은 거예요. 혹시나 사람들이 "남자아이가 왜 저런 걸 해?"라며 핀잔할까 봐 지레 걱정하고 있는 건 아닐까요?

또 다른 지인은 아들이 이른바 '씹덕'이라고 걱정을 많이 해요. 어떤 분야에 미친 듯이 빠져든 사람을 일컫는 요즘 아이들의 용어라고 하네요. 일본 애니메이션을 너무 좋아하는데, 좋아하는 데서 그치지 않고 전시회도 가고 싶어 하고 캐릭터 용품도 사고 싶어 한답니다. 심지어는 좋아하는 캐릭터가 입고 있는 의상을 자신이 직접 입어보고 싶어서 해외 직구로 구매를 시도한다고 하네요.

이런 아들의 행동을 걱정하는 것 또한 대충 짐작이 가요. 어른 입장에서 봤을 때 대부분 사회적으로 낙오되고 고립된 사람들이 마음의 결핍을 채우고자 그쪽으로 빠져드는 것이라고 생각할 수 있잖아요. 혹시나 우리 아들이 아웃사이더가 되는 건 아닐까 걱정이 되는 것이지요.

이런 고민들을 하고 있다면 엄마 마음부터 재정비해야 합니다. 요즘 세상에 다양성을 인정하지 못하고 존중하지 않으면 그야말로 시대에 뒤떨어지고 말아요. 현대 사회는 남자의 영역, 여자의 영역을 분류하는 것이 더 이상 무의미해졌습니다. 남자는 남자답고 여자는 여자다운 것이 아니라, 인간은 남자다울 수도 있고 여자다울 수도 있다는 쪽으로 인식이 바뀐 지 오래예요.

예전 같으면 아웃사이더 소리를 듣고도 남았을 만한 사람도 더 이상 아웃사이더가 아니에요. 우리가 예전에 아웃사이더라고 걱정스러운 눈빛을 보냈던 사람들이 요즘은 독특한 분야에서 자신의 전문성을 꾸준히 발전시키는 개성 있는 사람으로 평가받아요. 이런 사람일수록 남들이 시키는 일을 억지로 하는 것이 아니라 자신이 좋아하는 분야에서 즐기며 일을 하기 때문에 행복지수가 높은 편이지요.

그것이 무엇이든지 간에, 아들이 열정적으로 몰입할 수 있는 것을 찾았다는 것은 엄마 입장에서 축하해 줄 일입니다. 그러므로 어떤 분야에 깊이 빠져 있다면 그것에 관심을 보이면서 흥미로운 발견임을 칭찬해주세요. 어떻게 그런 취미를 갖게 되었냐고 물어보는 것도 좋고, 그것을 찾아내기 위해 어떤 시도를 하거나 무엇을 개척해나갔는지도 물어보면 좋아요. 그러면 아들은 잔뜩 신이 나서 대답해줄 겁니다.

오히려 아들이 "엄마 이거 여자아이들이 하는 건데 내가 해도 될까?"라고 물어보면 "그런 게 어디 있어? 자기가 좋으면 하는 거지. 계속 열심히 해봐."라고 개방적인 모습을 보이면서 지지해주세요. 엄마가 폐쇄적인 모습을 보이면 아들도 폐쇄적인 모습으로 엄마를 대할 것이지만, 개방적인 모습을 보여주는 엄마에게는 아들도 개방적인 모습으로 다가가요. 그러면 평소에도 엄마에게 어려운 점이나 고민을 쉽게 털어놓을 수 있겠지요.

엄마가 관심을 갖고 지지해주면 더욱더 그 분야에 빠져드는 것은 아닐까 불안한 마음도 없지 않을 거예요. 아이들은 이상하게 부모가 하지 말라고 하면 더 하고 싶어 하고 부모가 하라고 부추기면 왠지 흥미가 떨어지는 모습을 보이잖아요. 지금은 너무 깊이 빠져 있는 것 같아서 걱정이더라도 부모의 관심과 지지 안에서 마음껏 누리다가 어느덧 흥미를 잃고 돌아올 날이 올 거예요.

만약 그만두는 날이 오지 않더라도 얼마든지 좋아요. 아들에게 건강한 취미활동이 하나쯤 있다는 것은 아주 바람직한 일이니까요. 성공은 바로 집착과 몰입에서 시작됩니다.

아들 마음 읽기 ✳ 현대 사회는 다양성을 존중하는 시대입니다. 남자다운 것, 학생다운 것, 정상적인 것을 요구하는 것은 너무 촌스러운 일이에요. 아들이 좋아하는 것에 관심을 갖고 칭찬해주는 개방적인 엄마가 되어주세요. 아들에게 개방적인 엄마는 아들이 어려움을 겪을 때 의논하고 의지할 수 있는 존재가 됩니다. 아들이 한 분야에 너무 빠져 있는 것 같다고 걱정할 필요도 없어요. 혹시 그 분야의 전문가가 되는 성공의 씨앗이 될 수도 있으니까요.

온종일 유튜브만 보는 아들, 어떻게 해야 하나?

유튜브는 아들에게
친구이자 선생님

어른들이 생각하는 것 이상으로 유튜브는 아이들의 생활에 큰 비중을 차지해요. 크리에이터가 장래희망 최상위권에 자리 잡고 있는 것만 봐도 아이들이 유튜브에 얼마나 열광을 하는지 알 수 있어요.

아이들이 유튜브에 빠져드는 이유는 아이들이 좋아할 만한 콘텐츠들이 넘쳐나기 때문이에요. 실제로 유튜브를 보고 있으면 정말 재미있습니다. 몇 시간이 훌쩍 지나가도 모를 만큼 유쾌하고 신기한 콘텐츠들이 줄줄이 대기하고 있지요. 또 시간적으로나 공간적으로 전혀 제약을 받지 않아 접근성이 아주 좋아요. TV와는 달리 언제 어디서든 검색만 하면 원하는 영상을 마음껏 볼 수 있잖아요. 재미있는 데다가 편리하기까지 하니 그야말로 최고의 놀잇감이 아니겠어요.

그래서 아이들을 유튜브의 영향력에서 완전하게 벗어나게 하기는 매우 어려울 것이라 예측됩니다. 또래 아이들이 대부분 유튜브에 열광하고 있기 때문에 유행에 뒤처지지 않기 위해서라도 유튜브에 있는 여러 가지 콘텐츠들에 관심을 기울여야 할 참이에요. 아예 못 보게 하기보다 적당히 통제하면서 현명하게 활용할 수 있도록 해주는 것이 더 큰 결실을 가져다줄 거예요.

유튜브의 부작용 중에 하나가 폐쇄적인 공간에서 수동적으로 정보를 수용한다는 점에 있잖아요. TV 시청도 같은 문제점을 안고 있지요. 이런 문제점을 해결하기 위해서는 아들이 어떤 콘텐츠를 좋아하는지 엄마도 관심을 기울여야 해요. 그리고 그 콘텐츠를 함께 공유하며 아들과 소통해야 합니다. 아들이 특정한 게임에 대해 알려주는 유튜브 방송을 관심 있게 지켜본다면 그 게임이 무엇인지도 알아보고 그 게임에 대해 방송하는 유튜브 채널도 직접 시청해보세요. "이게 그렇게 재미있니? 엄마도 뭔지 알려줄래?" 하면서 아들이 좋아하는 것을 함께 공유하는 겁니다. 이런 엄마의 관심은 아들을 폐쇄적인 공간에서 나오게도 해주고, 수동적으로 수용만 하는 것이 아니라 능동적으로 엄마에게 설명하게 하는 효과까지 가져올 수 있어요.

지인 중 한 엄마의 얘기를 들으니, 아들이 '도티'라는 크리에이터가 하는 방송을 매우 즐겨보았는데, 도티의 사인을 받기 위해 한 행사장에서 5시간 동안 아들과 함께 줄을 섰다가 기필코 사인을 받아왔다고 하더라고요. 사인을 받고 세상을 다 얻은 것처럼 기뻐하는 아들을 보면서 정말 행복하고 뿌듯했다고 해요.

아들은 또 얼마나 좋았을까요. 자신의 관심사를 엄마와 공유하고 있다는 사실이 즐겁고, 엄마가 자신을 위해 기꺼이 시간과 에너지를 내어주었다는 것도 감격스러웠을 거예요. 엄마는 자신을 위해서라면 무엇이든 해준다는 생각에 사랑과 믿음도 듬뿍 싹텄겠지요.

"그런 쓸데없는 것에 왜 시간을 낭비하고 있니?"라는 말로 아들의 관심사를 못마땅하게 생각하면 아들은 점점 더 자신의 관심사를 엄마에게 감추게 될 거예요. 어차피 요즘 아이들은 컴퓨터나 모바일과 떼려야 뗄 수 없는 환경에서 살아가고 있습니다. 1995년 이후에 태어난 아이들을 가리켜 'Z세대'라고 부르잖아요. 이 세대의 특징이 바로 디지털 문화로 단단히 연결되어 있다는 거예요. 그러므로 완전히 차단하는 것은 불가능하고, 건전하게 활용하고 즐길 수 있는 환경을 만들어주는 것에 초점을 맞춰야 합니다.

적당한 선에서 아들이 유튜브를 멈추고 해야 할 일을 할 수 있도록 분명한 선을 정해주어야 해요. 하루에 자유롭게 한 시간씩이라든가, 학원 일정과 숙제까지 다 마치고 난 다음은 자유롭게 볼 수 있다든지 하는 구체적인 규칙을 정해주어야 해요.

아들이 규칙을 지키지 않고 정해진 시간을 초과하여 유튜브를 봤을 때 책임져야 할 부분도 명확하게 정해놓습니다. '한 번 지키지 못할 때마다 10분씩 줄어들기' '한 번 안 지키면 일주일 동안 스마트폰 엄마에게 맡겨두기'처럼 구체적인 내용이어야 해요.

만약 아들이 제 시간을 지키지 못 했다고 해도 그냥 무작정 "당장 꺼!" "이제 그만 좀 해." "스마트폰 없애버린다."라고 감정 실린 명령을 내리는 것은 좋지 않습니다. 아들은 '에이 또 시작이네. 엄마 안 볼 때 몰래 실컷 해야지.'라고 생각하면서 반항심만 키울 거예요. 이때는 "엄마가 몇 분 더 기다려주면 될까?"라고 말하면서 아들이 스스로 중단할 수 있도록 하는 것이 좋아요. 만약 아들이 스스로 제시한 시간까지 어겼다면 그때는 "네가 말한 시간이 지났는데도 계속하고 있으니 엄마가 그만두게 할 수밖에 없구나."라고 하면서 중단시키면 됩니다.

유튜브 시청을 제한하는 것도 중요하지만, 아들이 유튜브 말고 재미있는 것을 찾을 수 있도록 하는 것이 더 중요합니다. 놀이나 운동, 취미활동 등 다른 친구들과 어울려 재미있는 시간을 보낼 수 있는 경험을 많이 하도록 도와주세요. 그런 경험이 많아지면 유튜브에만 집착하는 모습이 자연스럽게 줄어들 거예요.

아들 마음 읽기 ✳ 요즘은 디지털로 연결되어 소통하는 세상입니다. 아이들을 디지털 기기로부터 완벽하게 차단하는 것은 불가능해요. 못하게 막아서 갈등을 일으키는 것보다 오히려 아들이 어떤 것을 좋아하는지 함께 이야기 나누면서 관심을 가져주는 편이 건전하게 즐기도록 하는 지름길이 됩니다. 그와 더불어 디지털 기기 이외에 즐거움을 느낄 수 있는 놀이나 운동, 취미활동을 찾아주세요.

감정 표현이 없는 아들, 뭐가 문제일까?

감정 표현에도 시행착오가
필요해요

남자든 여자든 사람이라면 누구나 기쁨, 슬픔, 분노, 흥미, 놀람, 공포, 혐오 같은 기본적인 감정들을 생후 4개월 무렵부터 표현하게 됩니다. 아들이 감정 표현에 덤덤한 원인을 '남자'라는 점에서 찾으면 안돼요. 아들이 감정이 없어 보인다면 정확한 원인을 얼른 찾아내서 적절한 반응을 해줘야 합니다. 자신의 감정을 잘 표현할 수 있어야 건강하게 살아갈 수 있으니까요.

기질적으로 내성적인 아이가 아니라면 감정 표현을 잘 안 하는 이유는 부모의 양육 태도에서 비롯됩니다. 아마 평소에 아들의 감정 표현을 막는 환경적인 요인이 있었을 거예요.

혹시 아들이 감정 표현을 했을 때 "남자는 울면 안 돼." "남자가 바보같이 이런 걸 보고 무서워하다니." "여자애들이 너를 어떻게 생각하겠니?"라고 말한 적이 있나요? 이런 말들은 감정 표현에 대한 부정적인 의미를 담고 있어 아들의 표현 욕구를 대놓고 억제하는 결과를 낳고 말아요.

아니면 아들이 감정 표현을 했을 때 "남자가 뭐 별것도 아닌 것 가지고 울고 난리야." "남자는 무서워도 꾹 참을 줄 알아야 해." "남자가 이까짓 것 가지고 속상해하면 안 되지. 그냥 잊어버려."와 같은 말을 한 적이 있나요? 이런 말들은 감정에 대해 대수롭지 않게 생각하면서 그냥 무시하도록 강요하는 것과 다를 바 없어요.

이렇게 감정을 표현하는 것을 막으면 아들은 감정을 표현하는 방식을 배울 기회를 놓치고 맙니다. 감정 역시 시행착오를 겪으면서 표현 기술이 섬세해지고 유능해집니다. 그런데 감정을 표현하는 것에 대해 부정적인 말을 듣거나 어떤 감정이 느껴지는 것을 무시하라는 강요를 받으면 시행착오를 겪을 기회가 없어 감정 표현 기술이 떨어질 수밖에 없어요. 만약 아들이 현재 감정 표현이 거의 없어서 감정이 없어 보인다면 '남자'여서가 아니라 감정을 표현하는 것을 억압당해서 감정 표현의 방식을 획득하지 못한 상태라고 생각하면 됩니다.

인간의 감정이 움직이는 과정은 감정을 경험하는 단계와 감정을 표현하는 단계로 나뉩니다. 감정을 경험하는 단계에서 크게 작용하는 것은 그 사람의 기질 중 하나인 '정서 강도'라는 측면이에요. 어떤 사람은 똑같은 일에도 아주 강하게 놀라고 어떤 사람은 별일 아닌 듯

그리 놀라지 않은 이유가 정서 강도의 차이 때문이에요.

정서 강도가 강한 사람이라도 유능한 양육자가 이것을 이해해주고 다스려주고 위로해주면 아이는 이것을 적절하게 조절하면서 표현할 수 있게 됩니다. 반대의 경우는 표현을 못하거나 불안해하며 살아가야 할 테고요. 정서 강도가 약한 사람도 양육자의 도움으로 사회적 상황에 맞게 적절하게 표현하는 방법을 배울 수 있어요. 아들이 감정을 잘 표현하지 않아 걱정이라면 지금이라도 자신이 느끼는 정서를 끊임없이 솔직하게 표현할 수 있도록 도와주세요.

가장 중요한 것은 수용적인 태도를 가지고 끝까지 들어줘야 한다는 점이에요. "그래서 기분이 어땠니?" "네가 감당하기 힘들면 피해도 괜찮아." "많이 걱정스럽겠구나."라고 이야기해주면서 아들이 자신의 감정을 솔직하게 표현할 수 있는 분위기를 만들어주세요. 아들의 감정이 행복이나 기쁨 같은 긍정적인 것이든 두려움이나 분노 같은 부정적인 것이든 끝까지 들어주고 기다려주면 감정을 표현하는 데 점점 즐거움을 느끼게 될 겁니다.

평소에 엄마가 먼저 아들에게 감성적인 표현들을 자극하는 질문을 해보는 것도 좋아요. "오늘은 미세먼지 하나 없는 맑은 날씨인데 네 기분은 어떠니?" "저기 벚꽃 날리는 것 좀 봐. 꽃비가 내리는 것 같지 않니?"라고 물어보면 서먹하게나마 대답을 하겠지요. 그런 경험이 잦아지면 아들이 감성적인 언어로 자신의 감정을 표현하는 것에 익숙해질 테고요.

만약 엄마도 감정을 표현하는 것에 서툰 편이라면 아들의 감정을 수용해주는 것도, 아들에게 감성적인 질문을 건네는 것도 매우 어려울 것입니다. 하지만 노력해야 합니다. 엄마는 감정에 대한 올바른 신념을 가지고 자녀에게 자신의 감정을 적절하게 표현하는 유능성이 있어야 해요. 너무 어렵다면 일단 "사랑해,"라든지 "아이고 좋다."라는 말을 자주, 그리고 강하게 하는 것부터 시작하면 됩니다.

"엄마도 너무 무서워." "아이고 떨리네."와 같은 부정적인 정서를 표현해도 됩니다. 그러면서 "너무 무서워서 다른 생각을 하면서 마음을 진정하려고 해."라고 부정적인 감정을 조절하는 과정도 알려주는 겁니다. 엄마의 솔직한 표현은 아들에게 간접 학습이 되고 친밀감도 높여줄 수도 있어요. 하지만 부정적인 정서를 너무 과격하게 강하게 표현하는 것은 좋지 않으므로 부정적인 감정은 일단 한번 다스린 다음 안정된 상태에서 아들에게 표현해주세요.

아들 마음 읽기 ✳ 남자아이라고 해서 감정 표현을 잘 안 하는 것을 당연하게 생각하면 안 돼요. 아들이 감정을 표현했을 때 언어적으로 처벌을 받았거나 무시를 당했던 경험 때문에 표현하지 않을 가능성이 큽니다. 자신의 감정을 경험하고 표현하는 과정은 아주 중요한 일입니다. 그러므로 아들이 긍정적인 감정, 부정적인 감정 모두를 솔직하게 표현할 수 있는 분위기를 만들어주세요.

공부하라는 소리에 왜 이렇게 짜증을 부릴까?

누구나 세상에서 가장
듣기 싫은 소리, "공부해라!"

학생의 본분은 공부라는 이야기도 있잖아요. 이맘때 아들의 학습 태도나 성적에 관심을 기울이는 것은 엄마로서 당연한 일이에요. 그래서 공부에 소홀하거나 성적이 잘 안 나오면 어쩔 수 없이 잔소리를 할 수밖에 없겠지요. 그것은 진심으로 아들이 한심하고 미워서가 아니라 아들의 미래가 걱정되기도 하고 노력하는 것에 비해 성과가 없는 것이 안타까워서일 거예요.

다만 엄마의 진심이 아들에게 제대로 전달되지 않기 때문에 오해가 생기고 갈등이 생기겠지요. 예를 들어 공부하라는 말을 이렇게 전달하는 엄마가 있습니다.

"공부 좀 해라, 공부 좀! 도대체 커서 뭐가 되려고 그렇게 공부하기를 싫어하는 거니? 남들 다 하는 공부 뭐가 그렇게 힘들다고 혼자만 유난스럽게 그러냐?"

이런 말을 엄마에게 듣는다면 엄마가 너무 야속하고 원망스러워질 거예요. 공부를 잘하고 싶은데 못하는 아이에게는 큰 상처를 주게 되고 공부를 잘하고 싶은 마음이 별로 없는 아이에게는 엄마가 내 마음을 잘 알아주지 않는다고 느끼게 만들지요. 결국 엄마에 대한 반항심만 불러일으켜서 "공부하라는 소리 좀 그만 해! 지겨워 죽겠어!"라는 말이 나오고 마는 것입니다.

그렇다면 어떻게 말해야 아들에게 공부에 대한 동기를 부여해 줄 수 있을까요? 공부가 잘 안 되고 있을 때 가장 불안하고 초조한 것은 바로 당사자입니다. 거기에 대고 "공부하는 게 뭐가 힘들다고 그러니? 엄마 아빠는 너보다 더 힘들어."라고 말하는 것은 아들의 마음에 자물쇠를 채우는 결과를 낳고 말아요. 아들은 엄마가 자신의 마음을 이해해주지 않는다는 생각에 마음을 꽁꽁 닫아버리고 아무 말도 안 할 겁니다. 그 과정에서 불신이 쌓이겠지만, 공부를 더 안 하려는 모습을 보일 수도 있어요. 아이들은 아무한테도 이해받지 못한다는 생각이 들면 문제점을 극복하려는 시도조차 안 하게 되거든요.

아들도 공부가 중요하고 공부를 잘해야 한다는 것을 모르지는 않을 거예요. 공부하라는 말을 한다고 해서 공부를 더 열심히 하는 아이는 없습니다. 효과 없는 잔소리일 뿐이에요. 이미 아들은 공부를 해야 한다는 압력을 여기저기서 직간접적으로 받고 있을 거예요.

아들이 그 말을 듣기 싫어하는 것을 당연히 여기고 이해해주세요. "공부하는 게 많이 어렵고 힘들지? 엄마도 학교 다닐 때 공부하는 게 제일 힘들었던 것 같아. 네가 힘든 것을 좀 덜어주고 싶은데, 엄마가 어떻게 도와줄 수 있을까?"라고 말하면서 아들의 어려움에 귀를 기울여주세요.

공부는 자발적으로 해야 즐거운 것이지 누군가가 억지로 하라고 하면 그것만큼 지긋지긋한 일이 없어요. 사람은 누구나 공부하고자 하는 욕구, 즉 무언가를 배우고 익히면서 자신을 발전시켜나가고자 하는 욕구를 가지고 태어나요. 하지만 어렸을 때부터 준비도 되지 않은 상태에서 공부를 강요당하니까 그 과정이 하나도 즐겁지 않고 스트레스만 쌓이게 되는 것이지요.

인간의 발달 과정에서 호기심과 흥미는 때가 되면 폭발적으로 드러나게 되어 있습니다. 누가 시키지 않아도 때가 되면 걸음마를 하려고 하고 단어를 말하려고 하고 글자를 익히려고 합니다. 하지만 아이가 자발적으로 할 준비가 되어 있지 않은 상태에서 부모가 일방적으로 기대 수준을 세운 다음 그것에 맞춰 강요하니까 뭔가를 배우고 싶은 욕구가 완전히 망가져버리고 말아요.

이제 막 말로 생각을 표현하는 것에 흥미를 느낄 만한 단계가 되었는데 글자를 읽고 쓸 것을 강요받고, 이제 막 숫자를 읽고 쓰는 것에 흥미를 느낄 만한 단계가 되었는데 구구단을 외울 것을 강요받는다면 그 과정이 즐거울 리 있겠어요. 누구나 타고난 공부에 대한 흥미는 그런 식으로 망가져버리는 것입니다.

　공부는 자발성이 중요합니다. 때가 되면 하지 말라고 해도 더 하고 싶은 것이 공부예요. 공부에 대한 자발성을 키워주기 위해서라도 엄마는 아들에게 공부하라는 반복적 대화를 중지하고 아들의 호기심과 탐구심을 키워주기 위한 대화를 시도해야 합니다. 아들이 무엇에 관심이 있는지, 어떤 것을 할 때 흥미로운지를 발견할 수 있는 대화를 시작해보세요. 지금 아들이 가장 흥미로워하는 것을 찾아 그것에 몰입할 수 있는 환경을 만들어주세요. 아들은 그 과정을 통해 뭔가를 배우는 것이 얼마나 즐거운 일인지 경험하면서 공부에 대한 흥미를 되찾을 수 있게 됩니다.

아들 마음 읽기 ✳ 공부하라는 잔소리는 누구에게나 지겹습니다. 사람은 선천적으로 무언가를 배우면서 스스로를 개발해나가고자 하는 욕구를 타고나지만 일방적으로 강요당하면 공부에 대한 욕구가 망가지고 말아요. 아들이 공부하는 것을 너무 지겨워한다면 가장 흥미로워하는 분야를 찾아서 그것에 몰입할 수 있는 환경을 만들어주세요. 그 과정을 통해 뭔가를 배우는 것이 매우 즐겁고 만족스러운 경험이 될 수 있다는 것을 깨닫게 됩니다.

무엇을 물어봐도 몰라요, 글쎄요, 그냥요

아들의 언어 표현력은
엄마 하기 나름

나름 살갑게 말을 걸거나 진지하게 질문을 한다고 했는데 "몰라요." 혹은 "글쎄요." 혹은 "그냥요."와 같은 얼버무리는 듯한 대답으로 일관하면 기분이 좋을 리 없습니다. 대화라는 것은 상호 소통을 해야 제 맛인데, 한쪽에서 저리도 무심하게 나오면 대화의 맥이 끊겨 다른 한쪽이 화가 나게 마련이지요.

하지만 상대는 아들입니다. 아들은 잘 알다시피 남자예요. 혹시나 남자인 아들에게 여자의 언어와 같은 풍부함과 따뜻함, 세심함을 기대하는 건 아니겠지요? 남자는 여자보다 언어로 표현하는 것에 서툴고 대화를 하는 방식도 다르잖아요. 남들에게 관심이 없는 아이들도 많습니다. 엄마의 자잘한 질문에 섬세하게 대답해 줄 거라는 기대는

엄마가 받아들여야 할
아들의 특성

아예 접고 시작해야 합니다. 그래야 상처를 안 받아요.

상대가 아직 아이라는 것도 잊지 말아주세요. 아장아장 걸음마하던 시절보다, 또 유치원에 다니던 시절보다 많이 성장한 것은 사실이지만 아직까지 자기 행동의 이유를 모두 다 알지는 못해요. 엄마가 질문을 했을 때 정말로 그것을 어떻게 해야 할지 몰라서 "몰라요."라고 대답할 수 있어요. 뭐가 뭔지 헷갈려서 "글쎄요."라고 대답할 수도 있고요. 정말로 아무 생각 없이 그렇게 행동했기 때문에 "그냥요."라고 대답했을지도 모릅니다.

남자인 데다가 아직 어린 탓에 성의 없어 보이고 생각 없이 보이는 대답을 할 수 있어요. 아들과 대화할 때는 늘 이 두 가지를 염두에 두고 대화의 주제와 피드백에 대한 기대치를 설정해야 해요.

물론 또 다른 이유로 무심한 대답들을 늘어놓는 경우도 있어요. 엄마와 대화하기가 귀찮거나 싫을 때 이와 같은 태도를 보일 수도 있지요. 엄마는 자신과 생각이 달라서 어차피 말을 해도 이해해주지 않을 것이라는 생각이 이런 태도를 만들어요. 한마디로 더 이상 대화하고 싶지 않다는 거부의 의미지요. 이런 상황이 벌어지는 게 싫다면 평소에 엄마와의 대화가 아들에게 즐거운 경험이 될 수 있도록 아들의 말에 귀를 기울여주면서 아들의 생각에 공감해주는 노력을 기울여야 합니다.

엄마의 질문에 대답하기가 너무 어려워서 "몰라요."라고 대답할 수도 있습니다. 정말 모르기 때문에 모른다고 대답하는 거예요. 예를 들어 아들이 평소에 친구 문제로 고민을 많이 하고 있는데, 아직 어떻게 해야 할지 몰라 우왕좌왕하는 상태에서 당장 그것을 해결할 수 있는 방법을 말해보라고 강요하면 어떻게 말해야 할지 준비가 안 돼 적절한 대답을 할 수 없겠지요.

다시 한번 정리하자면 아들이 남자인 데다가 아직 어린아이여서 엄마의 의도를 파악하여 섬세하게 대답하지 못하는 것일 수도 있지만, 너무 무거운 주제를 꺼내어 묻거나 아들이 평소에 민감하게 생각하는 주제를 언급할 때도 어떻게 대답할지 몰라 대충 얼버무릴 수 있습니다. 아들과 오붓한 대화 시간을 갖고 싶다면 어렵거나 민감한 주제보다는 아들의 평소 관심사에 대해 이야기를 나누는 것이 좋아요. 일단 이렇게 소통의 길을 열어 놓으면 점점 고민거리, 장래희망, 학교생활 등에 대해서도 속 깊은 이야기를 꺼낼 것입니다.

아들의 대답이 성에 차지 않는다고 해서 "무슨 대답이 그 모양이니?" "엄마랑 얘기하기 싫은 거야?" "그딴 식으로 하려면 다 집어치워."와 같은 말을 하지 말고 이야기를 끝까지 들어주세요. 그래야 엄마와의 대화가 즐거워져서 점점 더 많은 이야기를 꺼내놓게 돼요. 엄마와 대화하는 것이 싫은가 싶어 불쾌감을 표현하거나 집요하게 캐물으면 진저리가 나서라도 더욱더 대화하고 싶지 않아질 거예요.

아들의 대답이 너무 답답해서 마음에 안 든다면 아들이 자신의 생각이나 감정을 정확하게 인지하고 표현할 수 있도록 도와주세요. "네가 '글쎄요.'라고 대답하니 엄마가 정확히 네 생각이 어떤지 모르겠어. 어떤 부분이 헷갈리는지 이야기해줄 수 있겠니?"라고 물으면서 엄마의 입장을 전달하고 아들에게 스스로 생각할 수 있는 기회도 주는 거예요.

대화법도 훈련과 경험을 통해 연마해나가는 하나의 기술입니다. 아들이 가장 먼저 대화법을 배우는 공간은 가정이며, 부모가 선생님이에요. 상대방과 수월하게 소통하는 대화법, 상대방에게 상처 주지 않는 대화법을 가르쳐줄 수 있는 최고의 선생님은 바로 엄마 아빠입니다.

아들 마음 읽기 ✳ 남자는 자신의 생각이나 감정을 언어로 섬세하게 표현하는 것에 서툴러요. 게다가 아들은 어린아이이기 때문에 더더욱 그런 면이 미숙할 거예요. 그런 상태에서 엄마가 어떤 질문에 대해 상세하고 정확하게 대답하기를 요구하면 너무 큰 부담이 되겠지요. 아들의 표현이 미숙하고 엉성하더라도 끝까지 들으면서 호응해주세요. 그러면서 아들이 자신의 생각이나 감정을 정확하게 표현할 수 있도록 올바른 대화법을 알려주면 됩니다.

여자아이들이랑 노는 것을 더 좋아한다면?

기질이 맞는 친구가
마음도 맞는 법

만 3세 정도가 되면 남자와 여자의 개념이 어렴풋이 생깁니다. 그러다가 만 4세 정도가 되면 남자아이와 여자아이는 선호하는 장난감에 차이가 생기기 시작하고, 만 5세 정도가 되면 남자와 여자에 대한 개념이 확실하게 자리 잡아요.

성 개념이 생기면서 아이들은 남자는 남자끼리 여자는 여자끼리 모여서 놀기 시작합니다. 아무래도 남자아이와 여자아이는 노는 방식이 다르고 선호하는 장난감도 다르니까요. 그렇다고 남자아이가 인형을 가지고 노는 것을 더 선호하고 여자아이가 차량 모형의 장난감을 가지고 노는 것을 선호하는 것이 잘못되었다거나 이상하다는 것은 아니에요. 섬세하고 따뜻한 마음을 가진 아이는 인형을 더 좋아할 수 있고 활동적인 것을 좋아하는 아이는 장난감 차를 좋아할 수 있어요. 이것은 그냥 성향의 차이입니다.

마찬가지로 활동성이 그리 높지 않으면서 조용하고 섬세한 기질의 아들은 여자아이들과 노는 것을 더 좋아할 수 있어요. 활동 수준이 비슷하니까 그게 더 편안한 거예요. 예쁘고 아기자기한 장난감을 좋아할 경우에도 마찬가지니 걱정할 게 하나도 없습니다.

혹시나 주변 사람이 '너무 여성스러운 것 아니냐'고 지적하는 것이 신경 쓰인다면 엄마가 마음을 바꾸어야 한다고 이야기하고 싶어요. 섬세하고 따뜻하고 부드러운 기질을 가진 아들은 나중에 감성이 풍부하고 마음이 따뜻한 젠틀맨으로 성장할 가능성이 높으니까요.

하지만 학령기 남자아이들의 특성상 짓궂은 몇몇의 아이들은 "왜 너는 여자애들하고만 노냐? 너 혹시 여자 아니냐?"라고 짓궂게 놀릴 수도 있어요. 아들의 행동에는 아무런 문제가 없지만 그래도 이런 놀림을 받으면 마음이 편치 않고 고민이 될 거예요. 이때는 엄마가 "그럼 개랑 같이 놀면 그 아이는 개야?"라고 쿨하게 웃으면서 넘어가는 모습을 보여주면 됩니다. 오히려 어설프게 위로해주면 아무 문제 될 게 없는 이 부분에 대해 아들이 문제라고 생각할 수도 있어요. 그냥 가볍게 넘길 수 있도록 엄마부터 평점심을 가질 필요가 있어요.

아들 마음 읽기 ✳ 남자아이가 활동성이 낮거나 조용하고 섬세한 놀이를 좋아하는 경우 남자친구보다 여자친구와 노는 것을 더 선호할 수 있어요. 이것은 그냥 성향이니까 아무 문제 될 게 없습니다. 남자아이들과 놀라고 강요할 이유도 없고요.

아들이 제대로 하는 게 하나도 없어 고민이라면?

회복탄력성을 키울 수 있는
절호의 기회

아들이 처음 태어났을 때는 손가락 발가락 열 개씩 잘 챙겨 나와 준 것만으로도 기쁘고 감사했을 거예요. 환절기마다 감기에 걸리고 장염에 수족구병에 구내염을 달고 살았던 아기 시절에는 아프지 않고 건강한 모습을 보여주는 것만으로 행복했을 테고요.

하지만 어느 순간부터는 조금씩 욕심을 부리기 시작합니다. 건강은 당연한 것이어서 염두에 두지도 않고요. 키가 크면 좋겠다, 친구랑 잘 어울리면 좋겠다, 주변 정리 좀 잘했으면 좋겠다, 엄마를 많이 도와주는 착한 아들이면 좋겠다 등등 바라는 것이 너무나 많아져요.

그중에서도 학령기 아들에게 가장 바라는 점은 공부를 잘했으면 좋겠다는 것이겠지요. 거기에 그림도 잘 그리고 악기도 잘 다루면 좋겠다, 당연히 운동도 잘했으면 좋겠다고 기대하게 됩니다. 그 모든 것들을 다 갖춘 아이를 '엄친아'라는 말로 추켜세우기도 하고요.

주변에 엄친아들이 수두룩한데 내 아들은 제대로 하는 게 하나도 없다는 생각이 들면 무척 속상할 거예요. 그런데 이럴 때일수록 아들이 무엇을 어려워하고 힘들어하는지에 대해 이야기 나누면서 응원을 해줘야 해요.

일단 아들과 함께 그 일이 잘되지 못한 원인을 찾아보세요. 그것이 잘 이루어지게 하기 위해서는 실패라고 여겨지는 결과에 대해 실망하는 모습을 보이면 안 됩니다. 아들은 이미 실패를 경험하면서 깊은 무기력감에 빠져 있을 거예요. 그 상황에서 엄마가 실망하는 모습까지 보게 되면 자존감에 깊은 상처를 받게 됩니다. 거기에 질책과 비난까지 받게 되면 그야말로 새로운 일에 도전하거나 어려운 문제를 해결하기를 거부하게 될 겁니다.

가장 먼저 제대로 하지 못해 부끄럽고 속상한 아들의 마음을 어루만져주세요. "열심히 준비했는데 점수가 생각보다 안 나와서 속상하겠구나. 이번 시험에 대비해서 연습 문제도 많이 풀고 숙제도 열심히 했는데 말이야."

그다음 어떻게든 칭찬할 거리를 찾아 따뜻하게 칭찬해주세요. 실패라고 판단되는 결과 속에서도 칭찬할 부분을 찾아야 합니다. 아들의 마음, 노력, 계획, 행동 등 모든 가능성을 열고 보면 분명히 칭찬할 만한 부분을 찾을 수 있을 거예요. 그러면서 아들에게 노력한 부분은 없어지지 않으며, 이렇게 노력하면서 쌓아가다 보면 반드시 좋은 결실을 맺을 수 있다는 사실을 알려주세요.

그러고 나서 본격적으로 문제점을 찾아보는 겁니다. 주의해야 할 점은 '결과'에서 문제점을 찾는 것이 아니라 '과정'에서 문제점을 찾아야 한다는 것이에요. "열심히 준비했는데 왜 30점밖에 안 나왔을까?"라고 결과를 가지고 지적하면 아들은 주눅이 들어 대화를 멈추게 될 거예요. 열심히 준비했는데 30점밖에 안 나온 것은 분명 뭔가 잘못됐고 매우 부끄러운 일이기 때문에 아무 할 말이 없을 테니까요.

대부분의 사람들은 결과를 가지고 성공과 실패를 구분 짓지요. 그리고 그것은 당연한 겁니다. 결과가 좋으면 성공이고 결과가 나쁘면 실패인 것은 불변의 진리니까요. 하지만 결과는 하늘에서 뚝 떨어지지 않아요. 반드시 과정이 있어야 결과가 있습니다. 과정이 엉망인데 결과가 좋을 수는 없어요.

지금 아들이 제대로 하는 게 없다고 해서 절망스럽게 생각할 필요가 없어요. 아직 어린아이잖아요. 아직도 자신의 능력을 만들어나가고 있는 중입니다. 결과에 연연하지 않고 과정에 집중하는 게 얼마나 중요한 일인지 알려줘야 합니다. 결과에 연연하는 사람은 결과가 잘못되었을 때 쉽게 좌절하고 포기하지만, 과정에 집중하는 사람은 결과가 잘못되었을 때 무엇이 문제인지 분석하여 다시 도전합니다. 이런 사람들이 실패를 성공의 어머니로 삼게 되지요. 이것이 회복탄력성을 강화하는 최고의 비결이에요.

만약 아들이 제대로 하는 게 하나도 없어서 걱정이라면 더더욱 과정의 중요성에 대해 알려주어야 합니다. 여러 번의 실패를 통해 이미 자신은 잘하는 게 아무것도 없다고 무기력해질 대로 무기력해진 상태일 가능성이 큽니다. 그런 상황에서 결과만 가지고 질책을 받다 보면 자신은 할 수 있는 게 아무것도 없다는 생각에 아예 다 포기해버릴 수도 있어요.

충분히 이룰 수 있는 계획을 세워 하나하나 실천해나가는 과정을 통해 성취감을 키워야 해요. 성취감을 키워나가다 보면 자기 효능감도 덩달아 커지고, 자존감이 높아지면서 새로운 일에 도전하고 실천하는 일을 주저하지 않게 된답니다.

더불어 혹시 엄마가 아들에 대한 욕심이 너무 많거나, 아들에게 기대하는 것이 너무 비현실적이지는 않은지 판단해야 해요. 해도 해도 안 되는 목표는 아들에게 패배의식만 안겨줄 뿐이에요. 조금 노력하면 성취할 수 있는 목표부터 하나하나 실행해나가는 것이 중요해요.

아들 마음 읽기 ✳ 아들이 제대로 하지 못하는 이유를 함께 찾아보세요. 이때는 결과에 초점을 맞춰 비난하고 평가하는 것이 아니라 과정에 초점을 맞춰 격려하고 응원하는 대화가 이뤄져야 합니다. 엄마가 실패한 부분에 실망하는 모습을 보이지 않아야 아들도 마음을 열고 대화에 임하면서 문제를 해결해나가려는 의지를 보이게 돼요. 또한 실패한 결과에서도 칭찬할 만한 것들을 찾아내어 아들에게 용기와 희망을 주어야 합니다.

학령기 아들과 소통하고 싶다면

잔소리형 엄마는 No,
대화형 엄마가 되어주세요!

아들이 싫어하는 것은 잔소리입니다. 대화는 얼마든지 환영이지요. 잔소리와 대화는 종이 한 장 차이입니다. 잔소리를 해주는 엄마가 있다는 것만으로도 행복한 일이에요. 잔소리는 상대방에 대한 관심과 사랑을 바탕으로 그 사람이 잘 되기를 바라는 소망에서 비롯되는 것 아니겠어요. 다만 그 정도가 과도해져서 관심이 간섭으로, 소망이 욕심으로 변하면서 엉망이 되어버리는 것입니다. 엄마 중심적인 잔소리를 아들 중심적인 대화로 바꾸기만 하면 모든 것이 술술 잘 풀리게 돼요.

엄마가 평소에 아들과 어떻게 대화를 하는지를 알아보기 위한 체크리스트를 통해 나는 대화형 엄마인지 잔소리형 엄마인지 알아보세요.

엄마의 대화 유형 체크 문항

		그렇다	그렇지 않다
1	내 아이는 자기 생각을 거리낌 없이 나에게 이야기한다.	■	□
2	내 아이는 내가 하는 말을 잘 믿는 것 같다.	■	□
3	나는 아이의 얘기를 귀담아듣고 이해하려고 애쓴다.	■	□
4	내 아이는 자신이 원하는 바를 나에게 두려움 없이 말한다.	■	□
5	나는 아이가 말하지 않아도 아이의 감정을 잘 안다.	■	□
6	너무 화가 많이 났을 때, 나는 아이와의 대화를 미룬다.	■	□
7	내 아이는 나와 이야기하는 것을 좋아한다.	■	□

8 나는 '절대', '아무도', '안돼', '무조건' 등의 강하고
   부정적인 표현을 쓴다.   □   ■

9 나는 아이가 이해하기 쉽게 구체적으로 이야기한다.   ■   □

10 아이를 보고 있으면 답답할 때가 많다.   □   ■

11 나는 아이와 대화 중 아이가 말대꾸를 하면
   그것을 바로 꾸짖는다.   □   ■

12 나는 내 기분이 어떤지 아이가 알기 쉽게 이야기해준다.   ■   □

13 나는 아이의 질문에 나의 의견보다 답을 주는 편이다.   ■   □

14 나는 아이가 자기 이야기를 끝낼 때까지 기다려준다.   ■   □

15 나는 아이에게 강제적으로 시키기보다는
   선택의 기회를 준다.   ■   □

16 나는 아이가 내 말을 이해하고 있는지를 확인한다.   ■   □

17 나는 같은 이야기를 반복적으로 한다.   □   ■

18 나는 아이에게 행동의 결과에 대해 설명해준다.   ■   □

19 나는 아이로 인해 화가 나면 신경질을 부린다.   □   ■

20 내 아이는 마음 놓고 나에게 어리광을 부린다.   ■   □

21 나는 아이의 기분이 어떤지 잘 안다.   ■   □

22 아이가 잘한 일에 대해 맘껏 칭찬한다.   ■   □

23 아이가 내 말을 건성으로 듣는 것 같다.   □   ■

결과 확인

답안 중 파란색과 하얀색의 개수를 세어보세요.

1) 하얀색보다 파란색이 더 많다면? 대화형에 가까운 엄마입니다. 아들과 소통하는 데 큰 문제가 없어 보이니 지금의 대화 방식을 고수하되, 아들의 생활과 관심사에 좀 더 관심을 기울여 아들 곁에는 항상 엄마가 든든한 지원자로 있음을 느끼게 해주세요.

2) 파란색보다 하얀색이 더 많다면? 잔소리형에 가까운 엄마입니다. 아들에게 엄마가 받은 스트레스를 그대로 전하고 있지는 않은지, 아들의 의도나 노력보다는 아들 행동의 결과로만 비난하고 있지는 않은지, 엄마의 생각을 강요하고 있지는 않은지 스스로 점검해보는 시간이 필요합니다. 거듭되는 잔소리는 아들에게도 엄마에게도 아무 이득이 없다는 것을 잘 알고 있을 거예요. 아들의 생각과 의도를 잘 살피면서 아들과 대화하는 기회를 늘려보세요.

* * * * * * * * * * * *

PART 2

사춘기,
아들은 지금
리모델링 중

* * * * * * * * * * * *

* * *

    사춘기에 접어든 아이들은 자신이 어른이라고 주장하면서 부모의 간섭과 통제로부터 벗어나려고 하면서 어이없게도 뭔가 아쉬운 일이 생기면 얼른 부모의 보호 아래 들어와 즉각적으로 완전한 도움을 받고 싶어 해요. 참으로 이중적인 모습이 아닐 수 없지요.

    하지만 사춘기 아들의 마음을 이해하면 갈등은 의외로 쉽게 풀릴 수 있어요. 우선 몸과 마음이 정말 힘든 상태라는 것을 인정해줘야 해요. 생리적 변화로 넘쳐 오르는 에너지를 감당하지 못해 때로는 폭발할 것 같이 감정이 강해질 때가 있어요. 이것이 짜증과 반응으로 터져 나오는 것이고요. 생각의 힘은 커지지만 그것이 아직 완전하게 발달하지 않아 불안정하기 때문에 감정이 참 복잡하기도 해요.

    무엇보다 이 시기 아이들은 다양한 스트레스에 노출되어 있습니다. 공부, 친구, 학교, 진로 등의 스트레스 안에서 자신을 지키고 찾아야 하는 위기에 처해있거든요. 생각해보세요. 사춘기에 접어든 예민한 친구들과 좋은 관계를 유지하며 학교생활을 잘해나가기 위해서는 얼마나 많은 에너지가 필요하겠어요. 마음은 불안정한데 그 와중에 성적이나 진로에 대해 고민하다 보면 얼마나 불안하고 두렵겠어요. 아들은 문득 아무 의욕 없어 보이는 눈빛으로 세상 다 산 사람처럼 무기력하게 시간을 보내거나 짜증이 가득한 표정으로 어두운 기운을 뿜어내는 이기적인 괴물의 모습으로 엄마 앞에 설지도 몰라요. 하지만 아이가 잘못된 것이 아니에요. 아들은 지금 유전적으로 프로그램된 '생물학적 리모델링' 중이에요.

PART 2는 사춘기 아들에게 자율성과 책임감의 균형을 가르칠 수 있는 엄마의 역할에 대한 것들로 이루어져 있어요. 아이에서 어른으로 성장해나가는 질풍노도의 시기에 접어든 사춘기 아들에게는 스스로 통제할 수 있는 기회를 주면서 스스로 책임질 수 있는 권한도 줘야 합니다.

아들의 일에 전혀 상관을 하지 말라든가 아예 관심을 거두고 살라는 말은 절대로 아닙니다. 부모의 통제를 거부하면서도 한편으로는 부모의 지원을 바라지만 학령기 때와는 분명 다른 지원을 바라고 있다는 점을 주의해야 해요. 사춘기에는 간섭받는다는 생각이 들면 반항심부터 생기게 마련이에요. 너무 많은 질문으로 아들을 다그치지 않으면서 항상 엄마가 아들의 활동에 관심이 있다는 것을 드러내야 합니다. 또한 아들이 엄마의 지원을 필요로 할 때는 그 즉시 도움을 줄 준비가 되어 있어야 해요.

참 어렵습니다. 하지만 이런 과정 속에서 아들은 자신의 능력으로 스스로를 통제할 수 있는 범위를 배우면서 행동의 결과에 대해 책임지는 마음가짐도 갖추게 됩니다. 그 어느 때보다도 더 많은 부모의 사랑과 이해, 그리고 인내심이 필요합니다.

엄마
마음챙김
05

지금은 엄마가
거리를 둬야 하는 때

남녀가 연애할 때만 밀고 당기는 기술이 필요한 게 아닙니다.
지금은 엄마가 아들과 거리를 둬야 할 때입니다.

아들 엄마의 고민

아들이 낯설어져 함께 하기가 어색하다면?

아름다운 거리가 필요한 시기

사춘기 아들을 키우는 엄마들은 절망감과 난감함이 잔뜩 어린 하소연을 쏟아놓다가도 어느 순간 아들에 대한 신뢰감과 애틋함이 듬뿍 담긴 마음을 표현하곤 합니다. 징글징글하게 말을 안 듣기는 하지만 참 든든하다는 거예요. 엄마 대신 꽉 닫힌 뚜껑을 열어주고, 무거운 짐을 옮겨주고, 집안 살림으로 지친 어깨를 주물러주는 아들의 큰 손을 보면 이제 다 키운듯하여 그렇게 뿌듯하고 든든할 수가 없대요. 부부싸움으로 화가 나 있으면 편을 들면서 달래주기도 하고, 생일이라고 포장도 제대로 안 되어 있는 화장품 세트를 무심하게 쓱 들이미는 아들이 없었으면 무슨 재미로 살겠냐고 금세 사랑 모드로 바뀌어요. 엄마와 아들은 그런 관계입니다.

하지만 이제 아들과 함께 보내는 즐거운 시간은 엄마에게 일종의 보너스 같은 것이라고 생각해야 해요. 엄마는 여전히 아들과 함께 재미있는 영화를 보고 햄버거를 먹으며 미주알고주알 일상 이야기를 나누고 싶겠지만, 아들에게 이제 그런 일은 별 감흥이 없게 되어버렸어요. 어렸을 때야 엄마가 자신과 하루 종일 눈을 마주치며 안아주고 놀아주기를 바라지만 사춘기 아들에게는 더 흥분되는 놀이와 더 마음이 통하는 친구가 생겼을 거예요. 그러니 엄마랑 노는 것이 뭐가 재미있겠어요.

아들이 성장하고 있음을 인정하고 엄마가 용기를 내어 아들과 거리를 두기 시작해야 할 때가 되었습니다. 아들을 너무나 사랑하는 마음에 놓아주지 못 한다면 불편한 마음이 서로를 어색하게 만들 수도 있어요. 예를 들어 아들은 마음이 더 잘 통하고 함께하는 시간이 더 즐거운 친구와 영화를 보고 싶은데, 엄마가 그것을 엄마랑 함께 보자고 졸라댄다면 얼마나 어이없고 성가시겠어요. 한참 연애 중인 남자친구와 새로 개봉한 영화를 보러 가고 싶은데 예전에 사귀던 남자가 자꾸만 연락해서 그 영화를 함께 보자고 졸라댈 때의 기분과 다를 바 없을 거예요. 이 시기에는 아들에게 주도적으로 다가가기보다는 먼저 다가오는 아들을 반갑게 맞이해주는 모습을 보여주는 것이 중요합니다.

어려서부터 아들의 흥미에 관심을 가지고 대화를 많이 한 엄마는 자연스럽게 아들을 놓아줄 수 있습니다. 아들이 거리를 두는 것도 흔

쾌히 받아들일 수 있고요. 그런데 아들의 성장 과정에서 사랑을 충분히 나누지 못한 엄마들은 이젠 좀 얘기를 나눌 수 있을 만큼 성숙한 것 같은데 오히려 더욱더 거리를 두려고 하는 아들을 보면서 머쓱하고 어색하게 느낄 수 있어요.

이런 경우라면 앞의 상황과는 다른 방식으로 접근해야 합니다. 지금 포기하면 아들과 좋은 관계를 유지할 수 있는 마지막 기회를 놓치고 말아요. 누구든 부모에게 받아야 할 총량의 사랑 에너지를 가지고 있습니다. 충분하지 못했다면 지금이라도 표현해줘야 하지요. 섬세하고 조심스럽게 아들에게 못다 한 사랑을 표현해주세요. "사랑해."라는 말만으로도 충분합니다. 겉으로는 엄마가 이상하다 여기며 불편해할 수 있지만 결코 싫어하지 않을 거예요. 누구나 부모의 사랑을 원하니까요.

아들 마음 읽기 ✳ 사춘기가 된 아들이 아직도 엄마와 하루 종일 함께 놀기를 바라는 것은 아니겠지요. 이제 아들은 엄마와 함께 시간을 보내는 것보다 다른 놀이를 하거나 친구들과 노는 것이 더 즐거울 거예요. 그래서 아들과 함께 보내는 즐거운 시간을 보너스 같은 것이라고 생각하면서 품에서 떠나보내야 해요. 아들에게 주도적으로 다가가지는 않되, 아들이 먼저 다가오면 반갑게 맞아주면서 하고 싶어 하는 것을 충분히 함께 해주세요.

아빠에게 유독 적대감을 보이는 이유는?

아빠와 아들은 동지이자 경쟁자

어렸을 적 아빠는 아들에게 인생의 롤모델이 됩니다. 힘이 세고 몸집이 큰 아빠, 가족을 지켜주고 무슨 일이든 척척 해내는 아빠의 모습은 세상에서 가장 멋지고 믿음직스럽게 보이거든요. 대부분의 아들은 아빠를 롤모델로 삼지요.

그러나 사춘기에 이르면 아빠에게 남자의 세계를 배우는 게 좀 시시해집니다. 게다가 자율성에 대한 욕구가 강해지면서 그동안 아빠와의 관계에 별 문제가 없었더라도 갑작스레 소통이 원활해지지 않을 수 있어요.

하지만 이전에 아빠가 아들에게 얼마나 관심과 애정을 쏟아부으며 양육을 해왔는지, 아직은 더 힘이 세고 유능한 아버지가 현재 얼마나 아들의 변화를 잘 감싸주고 이끌어주는지에 따라 그 양상은 달라집니다. 사춘기가 되더라도 그동안 아빠와의 신뢰관계가 탄탄하게 형성된 아들은 아빠를 인생의 선배로서 또 자신에게 힘이 되어주는 지지자로서 의지하고 따르게 됩니다. 그렇지 않은 경우라면 아빠에게 불편한 마음을 적대감이나 회피, 무시 등으로 표현하게 되지요. 만약 엄마가 중간에서 힘들 정도로 아들이 아빠에게 적대감을 보인다면 이전에 신뢰관계가 탄탄하게 형성되지 못했다는 뜻이에요.

또한 평소 부부 사이의 문제로 아들이 아빠에게 적대감을 보일 수도 있어요. 혹시 부부가 아들의 양육 문제로 갈등을 빚은 것은 아닐까요? 두 명의 양육자가 있는 한 양육 문제에 있어 갈등은 어쩌면 불가피한 일일지도 모릅니다. 그래서 더 현명하게 대처할 필요가 있어요. 왜냐하면 사춘기가 되면 아이는 부모의 경쟁과 갈등을 이용해 한쪽 부모의 의견을 약화시킬 정도로 잔머리를 굴릴 줄 알게 되거든요. 주로 자신의 의견을 너그럽게 수용해주는 쪽에 서서 그렇지 않은 쪽의 권위를 무시하고 거부하는 양상을 띠게 되지요.

아들이 아빠에게 적대감을 보인다면 아들의 뜻을 적극적으로 수용해주는 쪽이 엄마일 것으로 예상돼요. 이때는 엄마가 아빠의 의견을 어느 정도 수용하는 모습을 보여주어 엄마와 아빠는 한 팀임을 보여주는 것이 중요합니다.

엄마가 사이가 좋지 않은 남편 대신 아들에게 심리적으로 의지하여 부부 사이의 일을 아들에게 토로하는 일이 잦은 경우에도 아들이 아빠에 대해 좋지 않은 감정을 가질 수 있어요. 아무래도 아들은 아빠보다는 엄마와 함께하는 시간이 많겠지요. 당연히 엄마와 이야기 나눌 시간이 더 많겠고요. 이 과정에서 엄마가 자신을 힘들게 하는 아빠에 대해 부정적인 이야기를 하면 듣는 아들 또한 아빠에 대해 부정적인 감정이나 적대감을 가질 수 있어요. 부부관계를 개선하는 것이 쉽지 않다면 적어도 아들 앞에서 아빠를 흉보거나 비난하는 것만은 삼가야 해요.

아빠가 너무 엄격한 태도를 보이는 게 아들의 적대감을 유발할 수도 있습니다. 우리 세대가 어릴 적만 해도 아빠는 가부장적이어서 주로 엄격하고 무뚝뚝한 모습을 보였지요. 요즘은 아빠와 편한 친구처럼 지내는 경우가 대부분이에요. 하지만 여전히 엄격한 훈육으로 무장한 아빠들도 있습니다. 이런 아빠들은 대부분 아들의 실수를 너그럽게 넘기지 않고 화를 내거나 잔소리를 해요. 다른 사람과 비교해가며 자존심을 뭉개기도 하고요. 그러면 당연히 마주하기 싫고 대화하기 싫겠지요.

이런 상황에서 엄마가 할 수 있는 일은 아빠에게 조심스레 조언을 해주는 것입니다. 먼저 아빠의 입장에 대해 이야기를 들어보고 그 마음을 이해해주세요. 그러면서 아들에게 친구처럼 사랑을 표현해주는 것이 절대로 버릇을 나쁘게 하는 게 아니라는 것을 알려주고 아들이 아빠를 믿고 마음을 털어놓을 수 있도록 용기 내 마음을 열어보라고 제안해보세요.

또한 아들에게는 "아빠가 엄격해서 좀 힘들긴 하지? 엄마도 네 마음 잘 알아. 그래도 아빠와 계속 이렇게 불편하게 지낸다면 우리 가족 모두가 즐겁지 못할 것 같아. 이 문제를 아빠와 함께 현명하게 풀어나가도록 해보렴."이라고 이야기해주세요. 이것은 아들의 마음을 공감해주는 한편 아들에게 책임까지 지어주는 아주 현명한 대화법입니다. 부자관계와 부부관계를 망치지 않으면서 아들이 혼자가 아님을 느끼게 해주는 가장 적절한 표현이 되거든요.

이 문제는 엄마보다는 아빠가 좀 더 심각하게 받아들여야 합니다. 실제로 엄마가 도움을 줄 수 있는 부분도 별로 없고요. 사이가 좋지 않은 둘 사이에서 중재자 역할을 하는 것은 생각만큼 쉽지 않지요. 아빠와 아들 사이를 악화하는 행동을 하지 않는 것만으로도 엄마는 중간에서 역할을 충분히 잘 해내고 있는 것입니다. 엄마가 어느 정도는 마음을 비우고 아빠와 아들이 스스로 풀어나가야 할 숙제로 남겨둘 필요가 있어요.

아들 마음 읽기 ✳ 어렸을 때 아들은 아빠를 롤모델로 생각하며 믿고 의지합니다. 하지만 사춘기가 되면 자율성에 대한 욕구가 생기면서 아빠와 별다른 문제가 없더라도 그냥 통제와 간섭을 거부하는 모습을 보일 수 있어요. 양육환경 때문에 아빠와의 거리가 멀어질 수도 있습니다. 혹시 아빠가 너무 엄격한 것은 아닌지, 엄마가 아빠에 대해 부정적인 이야기를 해서 아들에게 아빠를 미워하는 마음이 생긴 것은 아닌지 점검해보세요.

아들의 이성교제 허락해도 될까?

아들에게도 사랑은
자연스러운 본능

사춘기 아들이 여자친구에게 푹 빠져 있다면 걱정부터 될 거예요. 한참 공부해야 할 시기인데 여자친구에게 시간과 에너지를 다 빼앗겨 죽도 밥도 안 되는 것 아닌가 하는 두려움이 생길 테니까요. 또 학생으로서 넘어서는 안 될 선을 넘는 것은 아닌가 하는 생각이 많이 불안할 테고요. 이런 말들이 아들에게 절로 나오겠지요.

"지금은 한참 공부해야 할 텐데 여자친구를 사귀면 어쩌자는 거니?"

"대학교 가면 더 예쁘고 날씬한 여자친구 사귈 수 있으니 지금은 공부나 열심히 해."

"지금부터 여자한테 빠지면 인생 망친다."

사춘기 아들이 이성친구에게 관심을 보이는 것은 지극히 자연스러운 본능입니다. 아들의 이성교제를 무조건 인정하지 않고 당장 헤어질 것을 강요한다고 해서 엄마 뜻대로 수월하게 정리되지는 않을 거예요. 심각한 사이가 아니었는데 부모가 더 이상 만나지 말라고 말리면 갑자기 사이가 더 뜨거워질 수도 있습니다.

내키지 않고 걱정이 되더라도 무조건 이성교제를 저지하는 것은 좋지 않습니다. 우선은 아들의 선택을 존중하고 허용해야 해요. 아들에게 여자친구가 생긴 것을 축하해주고 여자친구에게 약간의 관심을 보여주세요. 엄마가 이렇게 해주면 아들은 여자친구에 대해 이런저런 이야기를 시작하게 될 거예요.

아들이 여자친구에 대해 허심탄회하게 이야기하기 시작하면 반감을 가지지 않는 선에서 이성교제를 할 때 주의할 점에 대해서 알려주세요. 엄마들이 가장 걱정하는 부분은 아마 스킨십이겠지요. 스킨십을 할 때 상대방이 거부하면 그것을 존중해야 한다고 확실하게 알려줘야 합니다. 스킨십을 거부한다고 해서 그것이 상대를 싫어한다는 의미가 아니라는 사실도 알려주세요.

아들의 여자친구가 누구인지 당연히 궁금하겠지만 "너 좋아하는 여자친구 생겼니? 어떤 아이인지 궁금하구나. 집에 한번 데려와."라는 제안은 감시를 당하고 있다는 생각을 들게 해 감수성이 예민한 사춘기 아들에게 부담을 줄 수 있어요.

가장 이상적인 모습은 엄마가 아들의 이성교제를 긍정적으로 받아들이면서 불필요한 간섭을 하지 말고 약간 떨어진 곳에서 지켜보는 정도예요. 엄마가 긍정적으로 인정해주면서 불필요한 간섭을 하지 않으면 오히려 아들이 먼저 이야기를 꺼낼지도 모릅니다. "엄마 애가 내 여자친구야." 하면서 여자친구의 사진을 보여줄 수도 있어요. 여자아이들은 무엇을 좋아하는지 엄마에게 조언을 구할 수도 있고요.

엄마가 아들의 이성교제에 대해 긍정적으로 생각하면서 응원해주는 모습을 보이면 여자친구와의 관계에서 고민거리가 생겼을 때 고민상담을 할 수도 있습니다. 아들이 이성교제에 대해 고민을 털어놓으면 이성교제도 인생에서 경험해야 할 중요한 공부라는 사실을 알려주면서 엄마에게 고민을 이야기하면 엄마도 최선을 다해 도와줄 것이라고 이야기해주세요.

아들 마음 읽기 ✳ 아들에게 여자친구가 생긴 것이 걱정되어 당장 헤어지라고 강요하면 역효과가 날 수 있습니다. '로미오와 줄리엣 효과'라는 것이 있어요. 부모의 반대가 심해질수록 더욱더 여자친구와의 관계가 깊어지는 것을 말하지요. 아들에게 여자친구가 생긴 것을 축하해주고 적당한 관심을 표현해주세요. 또 여자친구와 문제가 생기면 엄마에게 언제든 도움을 요청하라고 이야기해주세요.

아들이 귀가하는 시간이 너무 늦어 걱정된다면?

걱정스러운 엄마 마음을
전달하는 것이 최선

사춘기 아이들에게 있어 귀가 시간이란 자율성을 누리고 싶어 하는 요소 중 첫손가락에 꼽힙니다. 어렸을 때야 엄마가 들어오라고 하면 들어오고 나가도 된다는 허락이 떨어지면 나갔지만, 사춘기가 되면 자신이 나가고 싶은 시간에 나가고 들어오고 싶은 시간에 들어오려는 자율성이 강해집니다. 그래서 나가는 이유와 들어오는 시간에 대해 통제하려고 하는 부모와 충돌할 수밖에 없어요.

만약 통제의 강도가 자신이 받아들이지 못할 정도로 불합리하다고 생각하면 반항의 강도가 세지겠지요. 귀가 시간이 훌쩍 넘어갔는데 안 들어와서 전화를 걸더라도 아들이 아예 안 받을지도 몰라요. 전화를 받더라도 "내가 알아서 할 테니까 귀찮게 좀 하지 마. 내가 어린애야?"와 같은 이야기를 할지 모르고요. 적어도 아들에게서 "친구들이랑 놀다 보니 시간 가는 줄 몰랐어. 곧 들어갈게."와 같은 대답을 듣고 싶다면 아들의 자율성을 존중하는 선에서 통제해야 합니다.

가장 좋은 방법은 아들과 함께 귀가 시간에 대한 규칙을 정하는 거예요. 우선 "네가 어디에서 누구와 함께 무엇을 하는지는 엄마에게 꼭 알려줘야 해."라고 전달하세요. 엄마가 아들의 생활을 통제하고 감시하려는 목적이 아니라 요즘 세상이 너무 험하고 위험하니 너의 안전을 엄마에게 확인시켜 걱정을 덜어주면 고맙겠다는 마음을 전해야 합니다.

귀가 시간도 아들과 함께 합의해서 정하는 것이 좋습니다. 만약 귀가 시간에 대해 아들과 의견이 맞지 않는다면 일단 아들의 의견대로 양보하는 것이 좋아요. 엄마의 의견대로 밀어붙이더라도 아들이 어길 가능성이 크기 때문이지요. 그러면 어쩔 수 없이 또 충돌이 생길 테고, 엄마의 잔소리가 듣기 싫은 아들은 더 늦게 들어올지도 모릅니다.

일단은 아들의 사정을 충분히 감안하여 귀가 시간을 정해주세요. 그리고 아들의 의견에 따라 정한 귀가 시간을 넘길 것 같을 때는 미리 전화를 해야 한다는 조건을 달면 됩니다. 그 시간을 넘겼는데 전화가 없으면 그때는 엄마가 전화를 할 테니 반드시 받아야 한다는 조건도 내세우세요. 만약 아들이 실제로 귀가 시간을 넘겼는데도 전화를 하지 않으면 정해진 규칙대로 엄마가 전화를 하면 되고요.

하지만 이때도 "왜 연락도 없이 늦니? 당장 들어와!"라고 귀가를 재촉하는 잔소리를 한다면 또다시 충돌할 수밖에 없어요. "10시까지는 들어와야 하잖아. 연락이 없어서 먼저 전화했어. 엄마가 걱정 많이 했어."라고 말하면서 아들이 스스로 정한 귀가 시간을 어기고 있음을 알려주는 동시에 엄마가 걱정스러운 마음으로 아들의 귀가를 기다리고 있다는 것을 알려주세요. 이렇게 해야 자신의 귀가 시간을 일방적으로 통제하려고 하는 엄마에게 문제가 있는 것이 아니라 귀가 시간을 지키지 못한 자신에게 잘못이 있음을 인식하게 됩니다.

아들이 안전하게 집으로 돌아왔다면 엄마의 걱정스러운 마음을 고려해 곧바로 집에 들어온 아들을 반갑게 맞이하며 감사의 인사를 건네요. 아들에게 마음의 울림을 줘서 행동을 개선하게 만듭니다.

가장 좋은 방법은 집을 편안한 안식처로 느끼게 해주는 것입니다. 또 엄마 아빠와 함께 하는 시간이 편안하고 행복하게 느껴지게 해야 겠지요. 사춘기 아들의 발달 특성을 잘 이해하고 인정해준다면 아들이 귀가 시간으로 걱정끼치는 일은 점점 줄어들 거예요.

아들 마음 읽기 ✱ 아들의 귀가 시간이 늦어져서 걱정된다면 아들과 의논하여 귀가 시간에 대한 규칙을 정하세요. 이때 중요한 것은 아들을 통제하고 감시하려는 느낌을 주면 안 되고 아들의 안전을 걱정하는 엄마의 마음을 충분히 전달해야 해요. 아들의 사정을 충분히 감안하여 귀가 시간을 정한 뒤 규칙에 맞춰 실행하면 됩니다. 아들이 집에 일찍 들어오기를 원한다면 무엇보다 집안 분위기를 편안하게 만들어야 해요.

방 안에만 틀어박혀 있어 얼굴 보기가 힘들 때는?

손을 내밀면 잡아주고 뿌리치면 과감하게 놔주기

오랜만에 모임에 참석한 지인이 하소연을 합니다. 딸처럼 살갑고 다정했던 아들이 요즘 들어 말도 잘 안 하고 하루 종일 방 안에 틀어박혀 나오질 않는다고요. 예전에는 식탁에서 간식이나 밥을 먹을 때조차 조잘조잘 떠들어대서 좀 조용히 했으면 좋겠다는 생각을 할 정도였는데 요즘은 밥이나 간식을 쟁반에 담아 방에 가져다줄 정도가 되었대요. 외동아들의 갑작스러운 변화에 우울감과 외로움이 몰려와서 운동도 시작하고 모임에도 열심히 참여하려고 노력하지만 늘 마음 한구석은 허전하다고 합니다.

그 마음 충분히 이해돼요. 특히 아들만 하나 있는데, 지금껏 다른 사람의 도움 없이 혼자의 힘으로 키운 엄마들은 더욱 공허해질 수 있습니다. 딸이라도 있으면 아들보다는 섬세한 딸이 이것저것 챙겨줘서 위로가 될 텐데요. 꼭 딸이 아니더라도 또 다른 형제가 있다면 이래저래 신경 쓸 일이 많아 공허함을 느낄 새도 없고요.

이것 또한 아들이 사춘기를 보내는 하나의 특징적인 모습이기 때문에 어쩔 수 없이 인정하고 존중해줘야 합니다. 사춘기에 접어든 아들은 부모로부터 독립하고자 하는 욕구가 강해지는데, 자기 방 안에서 꼼짝 안 하려는 모습은 그곳이 독립적인 자기만의 영역이기 때문이에요. 뭔가 비밀스럽고 못된 짓을 하느라 방문을 걸어 잠그고 다른 가족의 출입을 차단하는 것이 아니라, 엄마가 보기 싫어서 문 딱 닫고 엄마와의 소통을 거부하는 것이 아니라, 단지 다른 가족들로부터 간섭받지 않고 자유와 독립을 누리고 싶은 것입니다.

누군가가 자기 방에 들어오면 못마땅해하면서 소리를 지르거나 짜증 내는 이유는 마음으로는 자신이 자유와 독립을 누릴 수 있도록 협조를 해달라고 부탁하고 싶은데, 그것을 원만하게 조율할 능력이 부족하기 때문에 일단 화부터 버럭 내는 것이지요. 단절이나 거부가 아니니 너무 섭섭해하지 마세요.

만약 "뭐 하고 있어?" 하면서 불쑥 방으로 들어가거나 "하루 종일 방에서 뭐 하고 있니? 이제 좀 나와." 하면서 강제로 나오게 한다면 아들은 자신의 자유와 독립을 침범당했다는 생각에 반항을 할지도 모릅니다. 아들이 반항한다고 야단치면 상황이 더욱 안 좋아질 겁니다. 아들은 자신의 권리를 무시당했다는 생각이 들어 방문을 잠가서라도 더욱 격려되고자 할 테니까요.

아들이 방에서 자유와 독립을 누리고자 하는 마음을 존중해주세요. 혼자만의 시간을 자유롭게 보내는 것은 아들의 권리예요. 궁금해하지도 걱정하지도 마세요. 그 안에서 무엇을 하든 무슨 상관이에요. 방 안에서 할 수 있는 일이 뭐 별거 있겠어요.

만약 가족이 다 함께 뭔가를 해야 하는 경우라면 일단 노크를 한 뒤 지시가 아닌 초대를 하는 것이 좋아요. "오늘 동생 생일이잖아. 지금 생일파티하려고 하는데 축하해주자." "엄마가 수박을 사 왔는데 엄청 달고 시원해. 거실에 나와서 같이 먹자." 하는 식으로 말이에요.

물론 아들이 초대에 선뜻 응하면 좋겠지만 거절할 수도 있습니다. 동생의 생일을 함께 축하해주고 가족이 오순도순 모여 과일을 먹는 것은 너무 당연한 일이지만, 사춘기 아들에게는 이것보다 독립적인 공간에서 자유를 누리는 게 더 중요할 수 있거든요. 초대에 응하지 않는 아들의 선택도 일단 존중해주세요. 야단을 친다고 해서 해결될 문제가 아니니까요.

초대에 응하지 않은 아들의 마음도 편치 않을 거예요. 미안한 마음에 다음번에는 초대에 응할지도 모릅니다. 이렇게 가족과의 시간을 보내는 것이 좋은 기억으로 남으면 점점 초대에 응하는 횟수가 많아질 테고요.

하루 종일 방 안에 틀어박혀 있다시피 하다가 자신이 아쉬운 부분이 생기면 그제야 나와서 도움의 손길을 요청할 때 엄마로서는 반가운 마음과 괘씸한 마음이 교차할 수 있어요. '그래도 엄마밖에 없지?'라는 마음이 들다가도 '세상 혼자 사는 것처럼 멋대로 굴더니 해줘 말아.'라는 마음이 들기도 할 거예요.

사춘기는 '방황하는 시기'라고 보면 됩니다. 어른과 아이의 경계에 서 있기 때문이지요. 그 경계에 서서 어느 때는 부모로부터 완전히 독립하기를 바라다가도 자신이 필요한 순간에는 또 아이처럼 엄마 아빠의 도움을 받기를 원해요.

아들이 엄마로부터 떨어져서 혼자 있고 싶어 하면 과감하게 아들을 놔주세요. 그러다가 아들이 손을 내밀면 그 손을 꼭 잡아주고요. 아들이 원할 때는 엄마가 항상 곁에서 힘이 되어줄 것이라는 점은 알게 해줘야 해요. 그래야 엄마를 신뢰하고 존중할 테니까요. 겉으로는 퉁명스럽고 무뚝뚝해도 마음속으로는 그것에 대해 진심으로 고마워합니다. 이른바 엄마와 아들 사이에 '아름다운 거리'가 절대적으로 필요한 시기예요.

아들 마음 읽기 ✳ 아들이 방 안에서 혼자 있으려고 하는 것은 독립적인 자기만의 공간에서 누구의 간섭도 받지 않고 편안하게 있고 싶은 마음 때문이에요. 사생활을 보호받고 싶어 하는 것은 사춘기 아이들의 전형적인 특징입니다. 누군가가 자신의 방에 불쑥 들어오면 화를 내고 소리를 지르는 것은 불편한 마음을 표현할 만한 언어적인 재주가 없어서 그래요. 그러니까 너무 섭섭해하지 말고 이해해주세요.

아들이 콘돔을 가지고 있다는 것을 알게 됐을 때는?

적절한 성교육을 할 수 있는 절호의 기회

아들의 방에서 콘돔을 발견했다고요? 너무나 당황스럽고 속상하고 화나겠지만, 그래도 아직 경험하기에 이른 물건을 경험한 아들에게 지금부터라도 현명하게 처신할 수 있는 길을 제시해줘야지요. 엄마니까요.

가장 먼저 확인해봐야 할 것은 무엇보다 그 콘돔의 용도가 성관계를 위한 것인지, 아니면 그냥 재미로 가지고 있는지 여부예요. 콘돔을 가지고 있는 남자아이 중에서 그냥 재미로 가지고 있는 아이들이 꽤 많은 편이에요. 성적으로 조숙해지고 호기심도 많아지는 사춘기가 되면 자연스럽게 콘돔의 모양과 용도에 대해 궁금해지겠지요. 직접 사보기도 하고, 친구들끼리 나눠갖기도 하고, 친구 것을 한번 빌려서 갖고 놀아보는 경우도 있어요.

만약 아들의 방에서 나온 콘돔이 이런 용도라면 그냥 모른 척 넘기면 됩니다. 섣불리 간섭하거나 질책을 하면 이 또한 수치심을 안겨주어 부작용이 생겨요. 음란물을 보다가 들킨 심정과 같아요. 화를 내면서, 그리고 추궁하듯이 물어보지 않는 게 가장 중요합니다.

성관계를 가지는 것은 부모가 통제할 수도 조절할 수도 없는 문제예요. 그냥 모르는 척 지나가는 말로 혹시 성관계를 하게 되면 임신을 피하기 위해 콘돔을 사용하는 것이 옳은 선택이며, 반드시 여자친구의 동의가 있어야 할 수 있는 일임을 알려주세요. 성관계 자체를 막는 것은 어려운 일이지만 성관계가 의미하는 것, 안전한 성관계를 위해 준비해야 할 것에 대해 이야기해주는 것은 부모가 충분히 할 수 있는 일이에요. 반드시 해야 하는 일이기도 하고요.

성관계를 할 때 아들이 콘돔을 사용하고 있다는 것이 오히려 다행이라고 생각하면 좋겠어요. 안전한 피임과 더불어 성병에 걸리지 않을 수 있는 좋은 장치이니까요. 적절한 성교육을 받고 자란 아이들이 건전하고 성숙한 성의식을 갖게 됩니다.

아들 마음 읽기 ✳ 단순한 호기심이나 흥미로 콘돔을 소유하고 있을 수도 있어요. 성적인 호기심이 왕성해지는 남자아이들이 흔히 할 수 있는 행동입니다. 만약 성관계를 위해 콘돔을 소지하고 있는 것이라면 성관계 시 주의해야 할 점에 대해 넌지시 알려주세요. 부모가 강제적으로 통제할 수 없는 부분이니 억지로 막을 수 없습니다.

힘들고 헛헛한 마음을 견디지 못하고
아들에게 의지하고 있다면?

부모와 자식의 관계가 역전되는
'부모화'는 위험한 신호

간혹 원만하지 않은 부부관계로 인해 남편에게 받지 못하는 사랑과 관심을 아들에게 위로받고자 하는 엄마가 있습니다. 경제적으로 힘들거나 정서적으로 우울한 상황을 스스로 이겨내지 못하고 아들에게 신세한탄을 하면서 힘을 얻는 엄마도 있고요.

현재 힘들고 외로운 내 마음을 아들과의 관계를 통해 위로받고자 한다면 부모와 자녀의 역할을 뒤집는 역기능적 양육행동이 됩니다. 이것을 심리학에서는 '부모화parentification'라고 해요. 자녀가 부모로부터 보호를 받아야 하는데 오히려 부모가 자녀로부터 보호를 받는 아이러니한 상황이 벌어지는 셈이에요.

이것은 바람직하지 않아요. "엄마가 이것 때문에 힘들어." "엄마가 이것을 하지 못해 괴로워."라는 말을 반복해서 듣는다면 자신이 뭔가 해결해야 할 것 같은 생각이 강하게 들겠지요. 그렇지만 아직 어린 아이들이 해결할 수 있는 일이 뭐가 있겠어요. 무기력감만 들 뿐이지요.

착한 아이의 경우 죄책감을 느끼기도 합니다. 엄마가 많이 힘들어하는데 아무 도움을 줄 수 없는 것에 대해 자신이 뭔가 잘못하고 있다는 생각을 하게 만들거든요.

어렸을 때부터 엄마의 어려움을 알고 엄마를 더 힘들게 하지 않기 위해, 혹은 어떤 일말의 도움이라도 되고 싶어 어른스럽게 행동하는 것이 아이를 성숙하게 만들까요? 아이 같은 어른이 정상적이지 않은 것처럼 어른 같은 아이도 정상적인 상황이 아니에요.

어린 시절에 부모로부터 따뜻하고 헌신적인 사랑을 받지 못한 채 성장하면 어른이 되어서도 비슷한 양상으로 인간관계를 맺을 가능성이 큽니다. 자신의 욕구나 소망을 감춘 채 타인에게 맞추고 상대방을 위하고 상대방의 눈치를 살피며 살아가게 되지요. 엄마가 아이의 마음을 살피고 맞추어주고 아이를 가르쳐야 하는데, 그 반대로 아이가 그 역할을 하고 자란 셈이니까요. 이런 아이들은 자기 마음을 명확하게 인식하고 바람직한 방법으로 표현하는 정서적 유능성이 현저하게 떨어지는 경우가 많아요. 우리 생각에 더 빨리 성숙하고 유능하게 다른 사람을 배려할 수 있을 것 같지만 정반대 방향으로 흐르게 됩니다. 게다가 대인관계에 있어 크나큰 부작용이 생기는데, 항상 타인을 배려하는 입장을 강요받았기 때문에 세상이 불공평하다는 느낌이 들면서 다른 사람에게 적대감을 가질 수 있습니다. 그와 동시에 높은 우울감과 낮은 자존감이 동반되고요. 사회적 소외감과 과도한 죄의식, 불안감을 경험하기도 합니다.

아들이 엄마와 대화가 통할만큼 많이 성장했다는 생각에 아들에게 은연중에 어려움을 토로하고 있겠지요. 하지만 이것은 아들에게 크나큰 짐을 지어주는 결과를 낳아요. 아들에게 힘든 마음을 토로하고 싶다면 부담을 지워주지 않는 선에서 감정 표현을 조절해야 합니다. 스스로 극복하지 못한 정서적 위기를 아들이 직접 풀어주거나 해결해주기를 원한다는 메시지를 담지 않는 것이 관건이지요. "엄마가 지금 힘들지만 극복하기 위해 노력하고 있어." 정도로 이야기하는 것이 좋습니다.

부모는 자녀의 안식처가 되어야 하지만 자녀는 부모의 안식처가 되어서는 안 됩니다. 건강하게 잘 자라고 있는 아들의 모습에서 위로를 얻는 것으로 끝내야 해요. 아이는 아이다운 것이 가장 건강한 모습입니다.

아들 마음 읽기 ✳ 부모가 자신의 힘든 상황을 아들로부터 위로받고 도움받고 싶은 생각에 그것을 해결해주었으면 하는 메시지를 자주 전하다보면 '부모화' 현상이 나타날 수 있습니다. 아이가 부모의 보호를 받는 것이 아니라 부모가 아이의 보호를 받게 되는 부모화가 초래되면 아이는 정서적 유능감이 떨어져서 성인이 되어서도 대인관계에 어려움을 겪을 수 있어요. 아이에게 어른스러움을 요구하면 안 됩니다.

✳

엄마의 '욕심'

욕심이 많은 사람 하면 어떤 모습부터 떠오르나요? 지금도 많이 있는데 더 많은 걸 갖기 위해 수단과 방법을 가리지 않는 사람, 자신이 할 수 있는 것 이상으로 목표를 세우고 억지로 끼워 맞추려고 하는 사람, 자신의 것을 채우기 위해 남의 것을 착취하는 사람, 하려고 하는 것은 많은데 정작 실천에 옮기지는 않는 사람 등 아마 대부분 부정적인 이미지가 떠오를 거예요. 국어사전은 욕심을 '어떠한 것을 정도에 지나치게 탐내거나 누리고자 하는 마음'이라고 소개하고 있어요.

물론 욕심이 긍정적으로 작용한다고 생각하는 사람도 있습니다. 예를 들어 성공에 대한 욕심이나 돈에 대한 욕심은 사람을 더 노력하게 만든다는 맥락이지요. 하지만 이것은 욕심이라고 표현하기보다 열정이라고 표현하는 것이 더 맞을 것 같아요. 욕심과 열정은 정말 하늘과 땅 차이예요.

아들을 키울 때 엄마가 갖는 '욕심'이라는 감정을 살펴볼까요? 이 세상 모든 엄마들은 아들을 열심히 잘 키워보겠다는, 아들을 훌륭한 사람으로 만들어보겠다는 '소망'에서 시작합니다. 이 소망은 너무 훌륭하고 멋진 것이에요. 하지만 그것이 욕심으로 변질되는 순간 엄마와 아들 사이에는 험난한 갈등이 초래되지요.

공부를 좀 더 잘했으면 하는 엄마의 욕심은 아들의 지성에만 초점을 맞춘 일과를 설계하게 만듭니다. 그러는 동안 아들은 인성이나 감성을 잘 키우고 다듬어나가야 하는 결정적 시기를 놓치고 말지요. 그러다가 아들의 인성이나 감성의 문제가 수면 위로 떠오르면 엄마는 하소연하기 시작합니다. 아들 키우기 정말 힘들다, 성격이 좀 이상하다, 너무 제멋대로다, 괴물처럼 변했다고요.

또한 욕심은 끝이 없기 때문에 그것의 결말이 '기쁨'으로 끝날 가능성이 거의 희박합니다. 예를 들어 반에서 3등 하던 아들이 2등을 했다면 기쁠까요? 엄마는 아들에게 1등을 하라고 조바심을 내기 시작할 겁니다. 반에서 1등을 한 다음에는 전교 1등으로 만들기 위해 아등바등하겠지요. 그다음에는 명문대, 좋은 직장…….

러시아의 소설가이자 사상가인 톨스토이Leo Tolstoy는 "욕심이 작으면 작을수록 인생은 행복하다. 이 말은 낡았지만 결코 모든 사람이 다 안다고는 할 수 없다."라는 명언을 남기기도 했어요. 아들에 대한 과도한 욕심을 버리고 엄마가 처음 가졌던 소망으로 돌아가보세요. 밝고 건강하게 성장하고 있는 사랑스러운 아들이 보일 거예요. 그 사랑스러운 아들이 무엇을 원하고 어떤 것을 잘하는지 찾아 도움을 주면 아들과 소통하는 유능한 엄마가 될 수 있습니다.

엄마
마음챙김
06

여전히 엄마가
가르쳐야 하는 때

아이도 자기가 다 컸다 하고, 엄마가 봐도 엄마 키를 훌쩍 뛰어넘는 아들이
다 큰 것 같지만 여전히 엄마가 가르치고 챙겨줘야 할 부분이 있는 시기입니다.

아들 엄마의 고민

가족들에게 폭력을 휘둘러 걱정된다면?

폭력과 폭언을 바로잡는 비결은 가정환경

아들이 가족들에게 폭력을 휘두르는 이유는 크게 두 가지로 나누어볼 수 있어요. 첫 번째는 강한 에너지를 갖고 있는 아들이 조절되지 않는 욕구나 좌절감을 폭력으로 풀 수 있어요. 넘치는 에너지를 스스로 통제하지 못하고 가장 가깝고 만만한 부모나 형제에게 폭력을 휘두르는 것이지요. 두 번째는 원하는 것을 폭력을 통해 얻을 수 있다는 그릇된 습관이 자리 잡은 경우입니다.

폭력은 반드시 잘못된 것임을 알려주고 바로잡아줘야 해요. 사춘기가 되어 힘이 세어진 데다가 반항심도 강해지고 폭력성이 짙어진 아들을 바로잡아주는 것이 불가능하게 느껴진다고요? 의외로 해답은 쉬운 곳에서 찾을 수 있어요.

첫 번째 경우라면 아들의 강한 에너지를 억누르는 것은 불가능합니다. 무조건 하지 말라고 억누르는 것은 아무 소용이 없어요. 조절되지 않는 자신을 보며 또 좌절을 느끼게 되고, 그것으로 인해 열등감이 생길 수도 있어요. 그 에너지를 다른 곳으로 분출할 수 있도록 방향을 틀어줘야 해요. 가장 좋은 방법은 신체활동입니다. 신체활동을 통해 에너지를 소진하면 어느 정도 정리되는 것을 볼 수 있어요.

신기하게도 남자아이들 중에는 악기를 통해 에너지를 집중하고 정서를 조절하는 법을 자연스럽게 배우는 경우가 많습니다. 청소년들이 다니기에 건전하고 쾌적한 노래방을 찾아 실컷 에너지를 발산하는 것도 도움이 될 수 있어요. 당장 공부할 시간도 부족한데 웬 노래방이냐고요? 폭발할 듯한 에너지를 감당하지 못하는 아이는 절대로 공부에 집중할 수 없습니다. 오히려 넘치는 에너지를 감당 못해 여기저기에서 충돌을 일으킬 뿐이지요.

두 번째 경우라면 이것은 양육환경에서 비롯되었을 가능성이 큽니다. 아들에게 체벌을 가했거나 폭언을 한 적이 있다면 상대방을 통제할 수 있는 방식이 폭력이나 폭언이라는 인식이 자리 잡을 수 있어요. 어렸을 때는 그런 방식으로 통제를 당했지만 이제는 자신이 힘이 세어졌으니 같은 방식대로 상대방을 통제하려고 하는 거예요.

이제라도 폭력과 폭언으로는 원하는 것을 얻을 수 없다는 것을 분명하게 알려줘야 해요. 바로잡을 마지막 기회가 사춘기 때입니다. 초반에 잡을수록 좋습니다. 아들이 폭력을 휘두르더라도 절대로 원하는 것을 제공해주지 마세요. 버티고 버티다가 원하는 것을 제공하면 아들의 폭력성은 점점 강해질 거예요. 엄마 아빠 역시 앞으로는 어떠한 상황에서도 가정 내에서 폭력과 폭언을 해서는 안 됩니다.

폭력의 정도가 강해져서 버티기 힘든 상황이라면 아들을 혼자 집에 두고 집에서 나오는 것도 방법입니다. 에너지는 소진되게 마련이니까요. 아들이 폭력을 휘두른다고 해도 부모가 같이 폭력을 사용해서는 안 됩니다. 힘이 센 아들을 힘이 약한 엄마가 감당할 수 없어 아빠에게 도움을 얻어 체벌을 가하는 경우가 있는데 이것도 절대로 안 됩니다. 더 센 사람을 제압하기 위해서는 더 큰 폭력이 필요하다는 인식만 심어줄 뿐이에요.

감당하기 힘든 상황이라면 차라리 경찰을 부르세요. 잘 생각해보세요. 부모에게까지 폭력을 휘두르는 아들을 그대로 두면 어떤 어른의 모습으로 자라날지를요. 지금은 가정폭력에서 그치지만 범죄자가 될 수도 있습니다. 아들의 습관을 바로잡아 줄 수 있는 마지막 기회라고 생각하고 결단을 내려야 해요. 마음을 강하게 먹고 용기를 내세요. 아들은 달라질 수 있습니다.

아들 마음 읽기 ✳ 아들이 폭력을 휘두르는 이유를 두 가지 측면에서 확인할 수 있어요. 에너지가 넘쳐흘러 그것을 통제하지 못하고 폭력을 휘두르는 것이라면 다양한 신체활동을 통해 에너지를 건강하게 분출할 수 있도록 해주세요. 악기를 배우는 것도 도움이 됩니다. 하지만 폭력을 통해 원하는 것을 얻을 수 있다는 인식이 자리 잡은 상태라면 지금이라도 폭력으로 원하는 것을 얻을 수 없다는 것을 확실하게 알려줘야 합니다.

여성 혐오 발언을 쉽게 해서 걱정이라면?

양성평등에 대한 올바른 가치관 심어주기

얼마 전에 길을 가다가 10대 중반쯤으로 보이는 남자아이들이 모여서 하는 말을 듣고는 깜짝 놀란 적이 있어요.

"저 여자애 얼굴 액면가를 보니 좋은 데로 취집하기는 글렀네."

"액면가는 노답인데 엄청 된장질 할 것 같지 않냐?"

"진짜 극혐이다."

취집은 여자들이 취직해서 일하기는 싫은데 여유롭게 살고 싶어 돈 많은 남자 꼬셔 결혼하는 걸 뜻한다고 하네요. 한마디로 남자아이들이 모여 한 이야기는 얼굴이 못생겨서 좋은 데로 시집가기는 힘들겠는데, 얼굴도 못생긴 여자가 씀씀이는 사치스러울 것 같아서 정말 한심하기 짝이 없다는 내용이었어요. 요즘 사회적으로 대두되고 있는

'여성 혐오' 발언을 서슴지 않고 했던 셈이지요.

여자로서 참 불쾌한 일이지요. 단지 여성이라는 이유로 혐오의 대상이 된다는 것은 말이 안 되니까요. 우리나라는 유교 사상이 강해지면서 여성 혐오가 나타나기 시작했는데, 보수 성향이 강한 사람이 주로 여성 혐오적인 발언을 많이 하는 편이에요. 그들은 여성이 생물학적으로 남성보다 약하니 사회적으로 괴롭힘을 당하고 무시를 당해도 된다는 인식을 가지고 있거든요.

하지만 사춘기 남자아이들이 서슴없이 표현하는 '여성 혐오 발언'은 이것과는 좀 다를 수 있습니다. 일종의 장난이지요. 또한 집단 정체성을 형성하는 사춘기 아이들의 특성상 옆에 있는 친구가 그러니 자기도 같이 따라 할 수도 있고요. 영웅 심리 때문에 옆 친구보다 더 심한 말로 떠들어댈 수도 있어요.

하지만 정상적인 일은 아니지요. 양성평등에 대해 올바른 가치관이 있는 아이라면 여성 혐오적인 발언을 절대로 하지 않을 겁니다. 이것은 환경과 교육에서 비롯되는 일입니다. 다시 말해 이 문제 역시 가정환경에서 비롯된다고 할 수 있어요.

혹시나 가정 내에서 여성 혐오적인 발언이 은연중에 오고 간 것이 아닐까요? 부부끼리 농담처럼 지나가는 여자의 외모를 비하하는 말을 하지는 않았을까요? 모임에서 만난 어떤 여자의 이야기를 하면서 "여자가 말이야."라는 말로 그녀의 품행을 부정적으로 평가하는 말을 한 적이 있는지요? 그것도 아니라면 TV 드라마 속에 등장하는 여자

출연자들에 대해 편견과 선입견이 곁들여진 지적을 한 적은요? 일상 생활에서 가볍게 웃어넘기는 말만으로도 아들에게 충분히 강한 영향력을 끼쳤을 수 있어요.

남성 혐오, 여성 혐오를 사회적인 현상으로 여기고 그럴 수도 있다고 허용하면 안 됩니다. 미성숙하기 짝이 없는 일부 사람들이 저지르는 정서적인 테러예요. 아들이 여성 혐오적인 발언을 쉽게 한다면 잘못된 것임을 따끔하게 지적해주세요.

아들에게 문제점을 알려주고 교정해주기 위해서는 아들을 둘러싼 환경부터 달라져야 하겠지요. 이제부터는 부모도 은연중에 여성을 비하하거나 혐오하는 발언을 해서는 안 됩니다. 가장 좋은 방법은 부부가 서로를 존중하는 모습을 보여주는 것이에요. 남자여서 여자를, 혹은 여자여서 남자를 존중하는 것이 아니라 인간 대 인간으로서 서로를 존중하는 것은 매우 중요한 일입니다.

아들 마음 읽기 ✳ 여성 혐오적인 발언을 하는 것은 사춘기이기 때문에 충분히 할 수 있다고 여기고는 그냥 넘어갈 문제가 아니에요. 잘못된 부분을 정확하게 지적하고 앞으로 그런 일을 되풀이하지 않도록 주의를 줘야 합니다. 이 문제를 해결하는 가장 확실한 방법은 부부가 서로를 존중하는 모습을 보여주는 것입니다. 서로를 존중하는 엄마와 아빠를 보면서 성장한 아들은 여성 혐오적인 발언을 절대로 하지 않게 됩니다.

학생이 비싼 옷과 가방을 사 달라고 하는 이유는 뭘까?

자기 통제력의 부재가 만들어내는
등골 브레이커

한참 감수성이 예민한 사춘기인데 남들 다 입고 다니는 것을 내 아이만 못 입고 다니면 무시당하거나 주눅들까봐 걱정이 이만저만 아니에요. 사줄까 생각하다가도 너무나도 비싼 가격에 망설이게 되고, 또 갖고 싶다는 것을 다 사주다가는 아이의 버릇이 나빠지지는 않을까에 대한 고민도 하게 되지요.

사춘기가 되면 패션이나 연예인, 취미활동 등 자신과 유사한 관심사를 가지고 있는 또래집단에 소속감을 느끼는 것을 매우 중요하게 생각합니다. 그런 면에서 정체성을 찾곤 하거든요. 친구들이 입고 있는 비싼 점퍼를 갖고 싶어 하고, 친구들이 쓰고 있는 최신형 핸드폰을 갖고 싶어 합니다.

아들이 한참 공부에 관심을 기울이고 미래를 설계해야 할 나이인데, 비싼 물건에나 관심을 기울이고 그것을 가지려고 안간힘을 쓰는 것을 보면 절대 좋은 말이 나올 수 없을 거예요. 감수성이 예민한 시기, 자기 통제력이 약한 시기, 또래집단에서 소속감을 느끼며 정체성을 찾는 시기인 사춘기의 특성을 이해하며 현명하게 풀어나가야 합니다.

만약 아들이 갖고 싶은 물건을 갖기 위해 스스로 어떤 노력을 기울인다면 일단은 지켜보세요. 그동안 모은 용돈을 가지고 직접 물건을 사러 간다거나 자신의 물건 중 값어치가 있는 물건을 친구에게 팔아 돈을 마련하여 산다거나 그 물건을 갖고 있는 사람과 물물교환을 하는 등 스스로 노력하는 부분이 있으면 어느 정도는 긍정적으로 봐줄 수 있어요. 원하는 물건을 갖고 싶은 욕구를 해결하기 위해 유능성을 발휘했다고 평가할 수도 있어요.

이때 중요한 것은 물건을 사느라 부족해진 용돈이나 물물교환 과정에서 손해를 본 부분에 대해 부모가 절대로 채워주지 말아야 한다는 점이에요. 기존에 있던 물건을 팔았다고 그것을 다시 사주는 것도 안 되고요. 선택의 결과를 스스로 경험하고 책임지게 해야 원하는 것을 얻기 위해서는 그만큼의 대가를 치러야 한다는 사실을 깨닫게 되지요. 그 과정에서 자율성과 책임감을 배울 수 있습니다.

갖고 싶은 물건을 스스로 얻을 능력도 없으면서 무조건 부모에게 사달라고 한다면 이것은 큰 문제입니다. 이 요구를 그냥 들어준다면 그것은 돈을 버리고 아들도 버리는 셈입니다. 원하는 것을 얻기 위해서는 노력이 필요하다는 것을 반드시 알려줘야 해요. 그 과정에서 대가나 희생을 치를 수도 있음을 깨닫게 해줘야 하고요.

사춘기라고 다 이런 경향을 보이는 것은 아니에요. 이것은 자기 통제력과 관계가 있습니다. 자기 통제력은 자신이 처한 환경이나 상황에 알맞게 자신의 충동이나 행동을 통제할 수 있는 능력을 말해요. 아들이 성장 과정에서 자기 통제력을 잘 키워나갔다면 아마 자신의 나이와 가정형편에 맞지 않는 비싼 물건을 사달라고 하지는 않을 거예요. 자신이 스스로 감당할 수 없는 비싼 물건에 욕심을 부리는 것은 그만큼 자기 통제력이 떨어진다는 뜻이니까요.

지금이라도 바로잡아 주지 않으면 안 됩니다. 성인이 되어서도 자신의 형편에 맞지 않게 과소비를 하고 매달 카드 결제대금에 허덕이게 하고 싶지 않다면 지금 아들이 사고 싶어 하는 옷과 가방에서부터 자기 통제력을 발휘할 수 있도록 해야 해요. 원하는 것을 스스로 계획을 세워 실행할 수 있게 하는 것입니다.

도저히 스스로 해결할 수 없는 부분이 있을 때 그것에 대해 도움을 요청하면 그때 도와주면 됩니다. 그 도움조차도 아무런 대가 없이 무상으로 제공하면 안 되고요. 예를 들어 용돈이 부족해서 보태줘야 하는 상황이라면 다음 용돈에서 그것을 갚을 수 있도록 해주세요. 그래야 자연스럽게 자기 통제력도 생기고 경제 관념도 생깁니다.

비싼 물건을 갖고 싶어 하는 아들을 '제멋대로 행동하는 욕심 많은 아이'로 규정하지는 말아주세요. "다른 애들도 다 가지고 있어."라는 아들의 말에 "다른 애들이 죽으면 너도 죽을 거니?"라는 비난으로 맞받아치는 것도 안 되고요. "먹고살기도 힘든데 그런 거 살 돈이 어디 있니?"라는 말로 죄책감을 주거나 "엄마는 돈 없으니까 아빠한테 말해보든지."라는 말로 책임을 회피하는 것도 옳지 않습니다.

집안 사정이 여의치 않아 사주고 싶어도 사줄 수 없는 상황이 안타까워 "그 물건은 우리 집 사정에 좀 과한 것 같아. 또 네 나이대에 어울리지 않은 물건인 것 같고. 그것 말고 A제품이나 B제품은 어떨까? 그 정도는 엄마가 사줄 수 있을 것 같아."라고 협상을 하는 것도 좋은 해결 방법이 아니에요. 아들은 결코 엄마가 대안으로 제시하는 A제품이나 B제품에 만족하지 않을 테니까요. 게다가 부모는 어떻게든 자기 수준에 맞춰 아들이 원하는 것을 해줘야 한다는 잘못된 신념을 안겨줄 수도 있어요. 꼭 필요한 물건이라면 모르겠지만 그냥 다른 친구들도 갖고 있기 때문에 사려는 것이라면 형편이 안 되어 사줄 수 없다고 확실하게 얘기하는 것이 더 낫습니다.

아들 마음 읽기 ✳ 친구들 사이에서 유행하는 비싼 물건을 사고 싶은 마음을 조절하지 못해 사달라고 조른다면 자기 통제력이 약하기 때문이에요. 성장 과정에서 자기 통제력을 잘 키워나갔다면 일상생활에서 반드시 필요하지도 않은 비싼 물건을 사달라고 조르는 일은 없을 거예요. 지금이 아들의 자기 통제력을 키워줄 수 있는 마지막 기회라고 생각하고 그 물건을 얻기 위해 스스로 계획을 세워 실행하는 과정을 경험해보도록 해주세요.

아르바이트를 해서 돈을 벌겠다고 할 때는?

구체적인 계획이 있다면 OK, 없다면 NO!

사춘기에 접어들면 갖고 싶은 것도 많아지고 친구들과 어울려 다니며 이것저것 먹고 싶은 것도 많아집니다. 자연스레 용돈이 많이 필요해지지요. 간혹 아르바이트를 해서 돈을 직접 벌어야겠다고 다짐하는 아이들도 있습니다.

한참 공부해야 할 시기인데 쓸데없는 데 신경 쓰느라 공부를 소홀히 하는 건 아닌가 싶어 당장 아들을 붙잡고 아르바이트는 안 된다고 말하고 싶을 겁니다. 아들이 엄마의 애정 어린 충고를 가슴 깊이 새기고 얼른 마음을 고쳐먹으면 다행이겠지만, 고집을 꺾지 않는다면 "하라는 공부는 안 하고 왜 쓸데없는 짓을 하려고 하니?"라는 비난이 나올지도 모릅니다. 사춘기의 감수성으로는 이런 상황이 되면 반항심이 생겨 엄마 몰래 아르바이트를 하거나 나이에 맞지 않는 아르바이트를 시작할지도 몰라요. 이 상황 역시 '참을 인忍' 자 세 번을 삼키며 현명하게 대처할 수 있어야 합니다.

매번 약속된 용돈을 받아 생활했던 아이들에게 아르바이트는 일종의 로망입니다. 경제적으로 독립하는 것은 자율성을 누리고 싶어 하는 사춘기 아이들에게 가장 첫손가락으로 꼽히는 희망사항이지요. 하지만 아르바이트가 생각처럼 녹록지 않지요. 그 부분부터 정확히 짚어줄 필요가 있습니다.

먼저 아들에게 무슨 이유로 아르바이트를 해서 돈을 벌고 싶은지 물어보세요. 아들이 대답을 하면 "돈을 벌어서 요즘 유행하는 A 브랜드 옷을 사려고 하는구나. 스스로 돈을 벌어서 필요한 물건을 사려고 하는 네 의지가 참 대단한 것 같아."라고 아들이 스스로 선택한 문제에 대해 존중하고 인정하는 모습을 보여주세요.

그다음은 어떤 아르바이트를 해서 돈을 벌 것인지에 대해 이야기 나누어봅니다. 아마 많은 아이들이 여기에서 마땅한 대책을 내놓지 못할 거예요. 구체적인 계획 없이 하고 싶다는 소망만 품고 있었을 가능성이 크니까요. 막연하게 편의점이나 주유소에서 일하겠다, 막노동을 해보려고 한다고 이야기할 게 분명합니다.

엄마는 이 틈을 잘 노리고 있다가 바로 역습을 시도하는 게 좋아요. 현실적인 장벽을 아주 논리적으로 설명하면서 돈을 벌 수 있다는 장점만 생각하고 있는 아들의 환상을 깨줄 필요가 있어요.

"아르바이트는 네게 아주 커다란 책임감을 요구한단다. 학교나 학원은 네가 컨디션이 좀 안 좋거나 집중이 잘 안 되어 좀 쉬고 싶은 생각이 들 때는 그렇게 해도 되잖아. 아르바이트는 너의 컨디션이나 기분이랑은 상관없이 무조건 정해진 일을 해야 돼. 돈을 받고 하는 일이기 때문에 정해진 기간 동안 네가 해야 할 일을 성실하게 마쳐야 할 의무가 생기지. 그렇게 하지 않으면 네게 돈을 주는 고용주로부터 핀잔을 들을 수도 있고, 또 그렇게 하지 않으면 너를 고용한 사람에게 피해를 줄 수도 있으니까. 성격이 까다로운 고용주를 만나면 고생도 엄청 할 거야. 엄마도 대학교 다닐 때 분식점에서 아르바이트를 해본 적이 있는데, 거기 주인이 결벽증이 심해 테이블에 얼룩 하나라도 묻어 있는 걸 보면 엄마에게 막말을 해서 엄청 상처를 받았었지. 우리나라에서는 만 18세 미만의 청소년이 아르바이트를 하려면 반드시 부모의 동의를 받아야 하거든. 엄마 아빠의 허락을 받기 싫어 허락 없이 몰래 일하다가는 돈을 제대로 못 받을 수도 있어. 고용주가 부모한테 다 말하겠다고 위협해서 일만 시키고 돈을 주지 않는 경우도 있거든. 또 청소년들이 할 수 있는 아르바이트가 매우 한정적이기 때문에 네가 생각하는 것만큼 뜻깊은 경험을 하지 못할 수도 있고 네가 원하는 것만큼 돈을 벌지 못할 수도 있어. 좀 더 시간이 지나 성인이 되면 다양한 아르바이트를 지금보다 좋은 조건에서 해볼 수도 있을 테니 그때 시작해보면 어떨까?"

아들이 구체적인 계획 없이 생각만 있었다면 이 정도 설득으로도 마음이 많이 흔들릴 겁니다. 하지만 정말로 아르바이트를 해보겠다는 마음이 확고하게 자리 잡은 상태라면 구체적으로 어디에서 무엇을 할지까지 정해놓았을 것입니다. 아르바이트할 때 생길 수 있는 이런저런 문제들도 이미 파악해놓은 상태일지도 모르고요.

이때는 무조건 하지 말라는 것보다는 아르바이트와 공부를 병행할 수 있는 방법을 제시하는 것이 더 알맞습니다. 평일에는 학원에 다니고 주말을 이용해 아르바이트를 하기로 한다든지, 학기 중에는 학업에 열중하다가 방학 때를 이용하는 식으로요.

이미 구체적으로 아르바이트에 대한 계획을 세운 아이라면 매우 진취적인 성향을 가지고 있을 것이라고 판단돼요. 한번쯤 시도해볼 수 있도록 믿고 맡겨보는 것도 괜찮아요. 위험하거나 나쁜 환경이 아니라면 학교와 학원 이외에 또 다른 세상을 경험해 보는 것도 아들에게 큰 재산이 될 수 있어요. 실패를 하더라도 그 과정에서 배우는 것이 많을 거예요. 그것이 동기가 되어 아들이 더 큰 사람으로 성장할 수 있는 거름이 될지도 모릅니다.

아들 마음 읽기 ✳ 사춘기가 되면 아르바이트를 해서 경제적으로 독립하고자 하는 욕구가 강해집니다. 아르바이트하는 것 자체는 나쁠 게 없어요. 하지만 아무 계획 없이 무턱대고 달려들면 녹록지 않은 현실에 부딪쳐 커다란 좌절감을 맛볼 수 있습니다. 왜 아르바이트를 하려고 하는지, 어떤 아르바이트를 하려고 하는지 구체적으로 대화를 나눠보세요. 아르바이트를 할 때 맞닥뜨릴 수 있는 어려움에 대해서도 충분히 이야기해주세요.

실전 토크
54

폭력이라는 일탈행위가 반복되는 원인부터 찾기

아들이 학교폭력의 가해자라는 연락을 받는다면 걱정스러움 반 창피함 반으로 그 심정이 매우 복잡할 거예요. 내 아들이 밖에서 도대체 뭘 어떻게 하고 다니길래 이런 폭력 사건에 휘말리게 된 건지, 앞으로 내 아들의 미래는 어떻게 되는 건지 걱정이 앞서겠지요. 더불어 아들을 제대로 키우지 못했다는 자책감과 다른 사람들이 부모 노릇 제대로 못했다며 손가락질을 할 것만 같아 창피함도 밀려옵니다.

아들이 학교폭력에 연루되었다면 엄마의 걱정과 창피함은 일단 뒤로 미루어야 합니다. 큰 잘못을 저지른 것은 사실이니까 서둘러 해결해야 할 일들이 있어요. 아들이 타당한 책임을 지게끔 지도하는 일도 해야 하고, 그런 일이 또다시 반복되지 않도록 근본 원인을 파악하여 그것을 제거하는 일도 해야 합니다.

아들이 폭력을 가한 것이 확인되었다면 무엇보다 아들이 자신의 행동에 대해 분명히 책임을 지도록 해야 해요. 그래야 그런 일이 반복되지 않습니다. 사춘기 아이들은 아직 미성숙하기 때문에 충분히 오판도 하고 실수도 할 수 있어요. 그것을 반성하고 하나하나 개선해나가면서 성숙한 어른으로 성장하는 것이지요.

간혹 내 아들을 보호하겠다고 아들이 한 행동들을 감추기 바쁜 엄마도 있고, 아들이 받게 될 처벌을 줄이는 데 급급하여 무엇이 문제인지 파악하지도 않은 채 일단 사과부터 하라고 윽박지르는 엄마도 있습니다. 이런 해결 방식은 다 독이 되고 말아요. 성숙한 어른이 아닌 잔꾀와 반칙으로 일관하는 비겁한 어른으로 성장하게 만드는 지름길이지요.

가장 필요한 것은 대화입니다. 당황스럽고 흥분한 탓에 아들을 비난하거나 다그칠 가능성이 크기 때문에 일단 마음을 진정하고 대화에 임하는 것이 우선입니다. 엄마가 추궁하지 말고 아들 스스로 그 일에 대해 이야기할 수 있도록 기회를 주세요. 그 일이 어떻게 발생해서 어떻게 진행되었는지에 대한 정확한 정보를 얻기 위해서도 그렇지만, 아들이 그 일에 대해 이야기하면서 스스로 자신의 행동을 돌이켜보고 반성할 수 있기 때문이에요.

아들이 솔직하게 털어놓았다고 생각된다면 그다음은 피해자의 마음이 어떨지 입장을 바꾸어 생각해볼 수 있도록 해주세요. "그 친구는 지금 기분이 어떨까? 또 그 친구의 엄마는 마음이 얼마나 아플까? 만약 엄마가 그 입장이라면 마음이 찢어질 것처럼 고통스러울 것 같아."라고 말하면서 "자신의 잘못을 인정하고 먼저 사과하는 건 정말 용감한 일이야. 네가 사과를 하고 싶은데 용기가 나질 않는다면 엄마가 함께 해 줄 수 있어."라고 도움의 손길을 내밀어주면 아주 좋습니다.

엄마가 옆에서 격려해주어도 가해자로 지목된 아들이 피해자로 지목된 상대방에게 사과를 하는 것은 쉽지 않은 일이 될 거예요. 이것은 마음의 부담이 큰 일이기 때문에 엄청난 용기가 필요해요. 강요하기보다는 아들이 자신의 방식으로 사과할 수 있도록 이끌어주어야 합니다. 끝까지 사과를 하지 않겠다고 하면 전문가의 상담을 받게 하는 것이 좋아요.

만약 아들이 폭력 사건에 종종 휘말리는 편이라면 세심한 관찰을 통해 일탈행동이 반복되는 이유를 찾아야 합니다. 사춘기 남자아이가 폭력적인 행동이 잦은 원인은 크게 세 가지 정도로 나누어 분석해볼 수 있어요.

첫째, 어른들의 권위에 대해 인정하기 싫어서 반항하고 싶은 마음에 또래끼리 어울려 다니며 폭력적인 행동을 할 수도 있어요. 보통 엄마들이 "우리 아들이 나쁜 친구들이랑 어울려 다니면서 이상해졌다."라고 말하는 경우가 여기에 속하지요. 사춘기 아이들에게 또래의 영향력은 어른들이 생각하는 것 이상으로 매우 큽니다. 그래서 무리를 지어 다니면서 일탈적인 행동을 하는 것이 대단히 멋있어 보이거나 용감해 보인다는 느낌을 갖게 만들어요.

하지만 사춘기 아이들이 전부 다 무리를 지어 다니며 이런 행동을 하는 것은 아닙니다. 또래의 영향을 얼마나 받느냐는 부모와 자녀의 관계가 어떤지에 따라 크게 달라지지요. 사랑과 신뢰를 바탕으로 부모와 유대감이 단단한 아이는 일탈적인 행동을 하는 또래 아이들에게 절대로 휘둘리지 않습니다. 잠시 휘둘리더라도 부모의 진심 어린 충고를 들으면 곧바로 잘못을 깨닫고 제자리로 돌아오지요. 반면 부모와의 관계가 원만하지 않거나 부모에게 충분한 사랑과 관심을 받지 못해 결핍이 생긴다면 그 부분을 친구를 통해 채우고자 하는 욕구가 생겨요. 이런 아이들은 또래에게 쉽게 영향을 받고, 위험하고 잘못된 행동도 기꺼이 그들과 함께 하기를 원합니다.

만약 아들이 이상한 친구를 사귄 다음부터 변하기 시작했다면, 아들이 그동안 가족관계에서 허전함이나 불만족을 느낄 만한 부분이 있는지 생각해보는 것이 먼저입니다. 어떤 부분에서 섭섭했는지 편안하게 이야기할 수 있는 분위기를 만들어 충분히 들어주고, 앞으로 그 부분을 개선해나가기 위해 노력하겠다는 마음을 보여줘야 해요. 또래 친구들로부터 위로받았던 부분을 엄마 아빠가 직접 채워줘야 좋은 결실을 거둘 수 있어요.

둘째, 평소에 가정에서 아들이 잘못했을 때 체벌을 한다거나 형제끼리의 사소한 폭력 행동을 어느 정도 허용했다면 폭력에 대한 민감도가 낮을 수 있어요. 이 경우 친구들과 사소한 갈등이 생겼을 때 폭력적인 행동으로 대응할 수 있어요. 가정환경을 돌아봤을 때 아들이 폭력을 허용하는 분위기에 노출되었다는 판단이 선다면 지금이라도 얼른 바로잡아야 합니다.

셋째, '품행장애'를 가지고 있어 사회적 규범이나 규칙을 지키지 않고 폭력적인 행동을 일삼는 아이도 있습니다. 품행장애가 있으면 도덕성 발달에 문제가 생겨 사회적 규범과 규칙을 지켜야 하는 이유를 받아들이지 못해요. 그래서 사람이나 동물을 못살게 괴롭힌다거나, 다른 사람의 돈이나 물건을 훔친다거나, 신체적으로 폭력을 가하는 등의 문제를 일으키지요. 이런 경우라면 조기에 치료하는 것이 중요하므로 가능한 한 빨리 전문기관을 찾아가서 도움을 받아야 합니다.

아들 마음 읽기 ✳ 학교폭력의 가해자로 지목되었다면 걱정스러운 마음과 창피한 마음, 화가 나는 마음이 교차하여 엄마가 심리적으로 많이 힘들 거예요. 하지만 얼른 수습하고 아들과 깊이 있는 대화를 나눠야 합니다. 가장 먼저 아들로부터 그 일이 어떻게 일어났는지에 대해 들어봐야 합니다. 이때는 추궁하지 말고 아들이 스스로 이야기할 수 있도록 해야 해요. 그 과정을 통해 자신이 한 일을 되돌아보면서 반성할 수 있습니다. 상대방에게 사과를 하는 것은 큰 용기가 필요한 일이므로 강요하지 말고 아들이 스스로 방법을 찾아 실행할 수 있도록 기다려주세요.

친구들과 어울려 술을 마시고 담배를 피우는 것이
의심된다면?

추궁이나 질책보다는 해결책 찾기

청소년이 된 아들이 제발 안 했으면 하는 것을 꼽으라면 무조건 첫 번째가 술 담배일 것입니다. 성장기 아이들에게는 건강상으로 좋지 않고요. 중독성이 강하기 때문에 정서적으로도 좋지 않지요. 학생으로서 하지 말아야 할 행동이기 때문에 잘못하다가는 학교 측으로부터 징계를 당할 수도 있어요.

그럼에도 불구하고 생각보다 많은 아이들이 술과 담배에 빠져듭니다. 편의점에서 담배를 훔치다가 걸린 아들 때문에 마음고생하는 엄마의 하소연을 들은 적이 있고, 아들이 집에 있던 소주를 몰래 생수병에 담아 간 것을 나중에 알고 호되게 야단쳤다는 엄마의 한탄을 들은 적도 있어요.

아이들도 학생에게 술 담배가 어울리지 않다는 것을 모르지 않을 텐데 왜 굳이 혼나고 속여가면서까지 하려고 하는 건지 이해가 잘 안 가지요? 사춘기 아이들은 이제 다 컸다는 생각이 들어 어른 대접을 받고 싶어 한다고 했잖아요. 그래서 어른이 되어야 할 수 있는 술 담배에 대해 선망을 갖게 되는 것입니다.

하지만 술 담배를 멀리하는 아이들도 많잖아요. 아예 그쪽으로 호기심이 없는 아이일 수도 있겠지만 호기심은 있지만 아직 해야 할 때가 아니기 때문에 참고 멀리하는 아이도 있어요. 이것 역시 자기 통제력과 관련이 있는 부분이에요. 규칙을 지키거나 한계를 정해서 스스로 조절하는 행동들은 모두 자기 통제력과 연결되어 있어요.

아들이 술 담배를 하는 것 같은 의심이 들더라도 현장을 직접 목격한 상황이 아니라면 추궁부터 하지는 말아주세요. 예를 들어 아들의 가방을 들여다보다가 담배를 발견해서 언제부터 피웠냐고 추궁을 하면 아들은 오히려 왜 가방을 뒤졌냐고 역공격을 할 거예요. 역공격까지는 아니더라도 친구가 맡아 달라고 부탁해서 가지고 있는 것이라던가, 길에서 주운 건데 그냥 재미로 가지고 다닌 것이라는 거짓말로 위기를 넘기려 할지도 모릅니다.

일단은 지켜보고 있다가 함께 TV나 신문기사를 보면서 청소년의 흡연이나 음주에 대한 부분이 언급되면 그 주제에 대해 이야기 나누어보는 것이 가장 좋아요. "요즘 청소년들이 술 담배를 많이 하는 것 같아서 걱정이네. 술 담배는 호기심으로 시작하기에는 중독성이 강해서 매우 위험하거든. 너는 청소년이 술을 마시고 담배를 피우는 것에 대해 어떻게 생각하니?"라고 자연스럽게 아들의 생각을 물어보세요.

만약 아들이 술 담배를 가까이하고 있는 상황이라면 당장은 뜨끔해서 회피하거나 무시하는 모습을 보일 수도 있어요. 하지만 부모의 말이 마음 한구석에 남아 있기 때문에 술을 마시거나 담배를 피울 때 계속 떠오를 거예요. 아무래도 횟수를 줄이거나 그만 해야겠다는 마음이 들겠지요. 평소에 부모와 개방적인 관계를 유지하고 있는 아들이라면 친구들이랑 술을 마셔봤다거나 담배를 피워본 적 있다는 말을 의외로 쉽게 들려줄 수도 있어요.

아들이 음주와 흡연을 시작한 것을 알게 되었다면 좀 더 구체적인 조언을 해줘야 합니다. "네가 술을 마시고 담배를 피운 것은 단순히 청소년기에 하지 말아야 행동이 아니라 범죄에 속해. 그래서 너에게 술과 담배를 판 가게도 영업 정지를 당하는 것 아니겠니. 가게에서 정식으로 그런 것을 살 수 없으니 비정상적인 경로로 구하다가 안 좋은 친구들과 어울릴까 봐 걱정이 되는구나. 네가 학생으로서 하지 말아야 할 행동을 한다는 것을 알게 된 친구들에게 약점을 잡힐 수도 있어."라고 알려주세요. 아들이 호기심에 한두 번 정도 한 상태라면 이 정도 조언으로도 마음을 움직일 수 있습니다.

반면 아들이 이미 술을 마시고 담배를 피운 지 오래되었다면 다른 방향으로 접근해야 해요. 일단 무작정 끊으라는 지시는 통하지 않습니다. 어른들에게도 술과 담배는 끊기 힘든 것이잖아요. 아들 역시 습관이 되었다면 그것을 통해 불안감을 달래는 것이 일상화되어서 쉽게 끊지 못할 거예요.

상당 기간 계속되었다면 이미 그 문제로 곤란을 겪은 경험이 있을 것이므로 아들도 끊고 싶은 마음이 있을지 모릅니다. 이때는 술과 담배가 왜 안 좋은지 조언을 해주는 것보다 술과 담배를 끊을 수 있는 구체적인 방법을 아들과 함께 찾는 쪽이 더 현실적이에요. 그러기 위해서는 윽박지르거나 추궁하면 안 되고 진심으로 아들을 걱정하는 마음을 표현하면서 언제부터 시작했는지 하루에 어느 정도 하는지 어떤 경로를 통해 구했는지에 대해 이야기 나눠야 합니다. 그 다음 아들이 어느 정도 노력할 수 있는지 확인해보고 지켜야 할 규칙을 함께 만들어보도록 합니다.

술을 마시거나 담배를 피우는 아이들 중에는 상당수가 가족 중 누군가의 것으로 시작하는 경우가 많습니다. 속으로 '어른들은 하면서 왜 우리한테는 하지 말라고 하는 거야?'라고 반발심을 가질 수도 있어요. 아들이 음주와 흡연을 멈추지 못하는 상황이라면 가족이 모두 나서서 함께 노력하는 모습을 보여주는 것이 필요해요.

아들이 정 끊는 것을 힘들어한다면 차라리 음주에 대한 올바른 습관을 가르쳐주는 것이 가장 좋은 대안이 될 듯해요. 어른들과 함께 마시며 적당하게 양을 조절해가며 건강하게 즐기는 습관을 갖게 도와주는 것이지요.

지인 중에 아이들이 고등학교 때부터 맛있는 음식을 먹을 때 아이들과 반주로 술을 한잔씩 마셨던 아빠가 있는데요. 오히려 식사시간에 아빠와의 대화가 늘어나면서 편안하고 돈독한 관계를 유지할 수 있었다고 해요. 지금 대학생이 된 아이들은 자기 역할을 충실히 다하며 건실하게 살아가고 있고요. 안 하는 게 가장 좋지만, 안 하는 것이 불가능하다고 판단이 되면 좀 더 즐겁게 해결할 수 있는 현실적인 방법을 찾아보는 게 좋을 것 같아요.

아들 마음 읽기 ✳ 어른들이 하는 것을 따라 하고 싶은 마음에 술 담배에 관심을 가질 수 있어요. 집단 정체성으로 인해 다른 친구들이 하는 것을 따라서 할 수도 있고요. 하지만 분명한 건 안 하는 아이들도 많다는 점이에요. 자기 통제력이 강한 아이는 호기심이 생기거나 주변 친구들이 다 하더라도 스스로 조절하고 통제를 할 수 있어요. 아들이 술 담배를 하는 것 같더라도 추궁이나 질책을 하면 거짓말을 하면서 회피할 수 있으니 대화 중에 자연스럽게 술 담배는 좋지 않다는 사실을 알려주세요. 이미 습관화된 상태라면 그것을 극복할 수 있는 방법을 함께 찾아야 합니다.

엄마 마음부터 돌아보기 4

✳

엄마의 '죄책감'

엄마들과 이야기를 나누다 보면 의외로 많은 엄마들이 아이들에게 '죄책감'을 가지고 있다는 것을 알게 됩니다. 너무나 안타까워요. 형편이 넉넉하지 못해 남들처럼 해주지 못하는 것을 미안해하기도 하고, 건강하게 낳아주지 못해 허약 체질이라고 미안해하기도 합니다. 자신이 성격이 내성적이고 무뚝뚝해서 아이에게 충분한 사랑을 주지 못하는 것 같다고 미안해하고, 적절한 시기에 제대로 된 교육의 기회를 제공하지 못해 공부를 못하는 것 같다고 미안해하기도 합니다.

이런 죄책감을 갖지 않아도 됩니다. 엄마는 꼭 뭔가를 해줘야만 빛을 발하고 능력을 인정받는 존재가 아니니까요. 그냥 자녀의 옆에 있어주는 것만으로도 너무 든든하고 마음이 편안해지는 존재입니다.

물론 아들을 키우면서 부족한 부분이 있을 수도 있고 잘못된 행동을 할 수도 있겠지요. 죄책감 대신 부족한 부분이나 잘못된 행동을 인정하고 개선하기 위해 노력하면 됩니다. 필요하다면 아들에게 용서를 구하면서 화해를 시도할 수도 있어요. 어른이 아이에게 용서를 구하는 게 말이 되냐고요? 잘못한 부분이 있으면 먼저 사과하고 용서를 구하는 것이 맞습니다. 그것은 어른이나 아이 할 것 없이 다 마찬가지예요. 잘못에 대해 용서를 구하고 먼저 화해를 시도하는 엄마의 모습은 아들의 정서에도 매우 좋은 영향을 미칩니다.

부족하고 잘못된 부분을 반성할 때도 반드시 스스로 한 행동에 대해서만 인정하고 노력을 다짐하는 선에서 끝내야지 자기 자신의 능력이나 자질을 자책해서는 안 됩니다. 부모로서의 효능감이나 자신감을 떨어뜨려 오히려 양육할 수 있는 에너지를 잃게 만들기 때문이에요. 그렇게 되면 아들을 당당하게 키울 수 있는 용기까지 사라집니다. 심한 경우 양육에서 벗어나고자 하는 마음에 아들을 회피하게 될 수도 있습니다.

내가 바꿀 수 있는 부분은 과감히 인정하고 바꾸면 됩니다. 바꿀 수 없는 부분 또한 과감히 인정한 다음 할 수 있는 만큼이라도 최선을 다하면 되고요. 예를 들어 맞벌이를 하는 탓에 아들과 많은 시간을 보내지 못한다는 점에 대해 죄책감을 갖고 있다면 함께 있는 시간이라도 최선을 다해 즐겁게 보내면 되지요. 또 아이의 몸이 허약해 걱정이라면 함께 등산을 하거나 배드민턴을 치면서 체력을 향상하고 행복한 추억도 만들어나가면 일석이조의 효과를 거둘 수 있지 않을까요?

엄마
마음챙김
07

묵묵히 엄마가
기다려야 하는 때

내 아들이 사춘기라는 건 하루에도 열두 번씩 아들 때문에 엄마 감정이
오르락내리락 할 때이기도 합니다. 그런 엄마 마음을 스스로 다독이면서
아들이 다가올 때까지 기다려야 합니다.

아들 엄마의 고민

어른 대접을 받고 싶어 하는
사춘기 아들

사춘기 남자아이에게서 흔히 나타나는 현상 중 하나가 바로 부모 앞에서 말이 없어진다는 점이에요. 왜 이렇게 부모와의 대화를 꺼리는 걸까요? 그 이유를 물어보니 사춘기 남자아이들이 이런 대답을 들려주더라고요.

"부모님과 이야기를 하다 보면 자꾸 간섭을 당하는 것 같아 귀찮아요. 내 일을 너무 자세하게 캐물으려고 하는 것도 싫고요."

"저도 부모님과 대화를 하고 싶은데요, 처음에는 좋게 이야기하다가 꼭 나중에는 소리 높여 싸우게 돼요."

사춘기가 되었다고 아들의 말수 자체가 줄어든 것은 아닙니다. 그냥 부모와 대화하기 싫어진 거예요. 아들이 전반적으로 말이 없어진 것이라면 다양한 스트레스로 인한 우울을 경험하고 있을 수 있어요. 유독 엄마나 아빠에게만 입을 닫고 있다면 이것은 부모로부터 잔소리를 듣기 싫어서 벽을 쌓고 있는 중이라고 생각하면 됩니다. 아들은 부모가 자신의 이야기를 끝까지 들어주고 공감해주었으면 하는데 부모는 참지 못한 채 아들의 말을 중간에 끊고는 잔소리하기 바쁘지요. 그래서 부모와의 대화 대신 그 자리를 서로 공감하고 이해할 수 있는 친구와의 대화로 메우려고 한답니다.

게다가 아들은 지금 부모가 자신을 아이가 아닌 성인으로 인정하고 대접해주길 기대하고 있어요. 더 나아가 부모의 통제와 간섭에서 벗어나 자신의 의지대로 결정하고 문제를 해결하고자 하는 자율성에 대한 욕구가 크지요. 예전에는 큰 불만 없이 받아들이던 것들도 사춘기에 접어들면 부당한 간섭으로 여기게 돼요.

간섭을 받기 싫어서 대화를 거부하기도 하지만 거짓말을 하기도 합니다. 솔직하게 말하면 잔소리를 듣거나 통제를 당할 것이 뻔하니 그냥 내 마음대로 하려고 대충 거짓말을 하는 것이지요.

사춘기 아들과 대화를 이어나가고 싶다면 아들의 말을 중간에 끊으면서 '지금 무슨 얘기를 하고 있는 거야?'라고 호통을 치지 말아 주세요. 엄마가 하고 싶은 말을 하기보다 아들이 하고 싶은 말을 들어주고요. 마치 누가 누가 말을 잘하나 시합이 열리기라도 한 것처럼 맞서서 제압하려고 하는 것도 안 됩니다. 아들이 느끼고 경험하고 생각한 것을 편안하게 이야기할 수 있도록 기다려줘야 합니다. 소통은 들어주는 것에서 시작되니까요.

아들이 무슨 말을 하는지 답답하고 한심하더라도 무조건 끝까지 이야기할 수 있도록 기다려주세요. 남자아이들은 언어로 생각을 표현하고 상황을 설명하는 것에 미숙하다고 여러 번 이야기했었죠? 하지만 이것도 훈련으로 충분히 극복할 수 있습니다. 엄마가 버벅거리는 아들의 이야기를 충분히 끝까지 들어주면 아들은 말하는 것에 점점 자신감을 갖고 논리적으로 말할 거예요. 아들과 소통도 하고 아들의 유능성도 키워주는 매우 의미 있는 일이 되겠지요.

아들도 지금 엄마와 대화를 하고 싶을지 몰라요. 사랑하는 엄마와 소통하고 교감하고 싶은 건 본능이니까요. 하지만 자신을 비난하고 비판하는 잔소리를 듣기 싫은데 그것에 어떻게 대처해야 할지 몰라 아예 침묵하고 있겠지요. 아들과 대화를 하고 싶다면 비난이 아닌 공감, 비판이 아닌 이해, 일방적인 지시가 아닌 상호적인 협약이 필요합니다. 그러면 아마 아들이 먼저 다가가 마음속 고민도 털어놓고 사소한 일상도 공유하기 시작할 거예요.

아들 마음 읽기 ✳ 아들이 사춘기에 접어들면서 전반적으로 말수가 줄어들었다면 이것은 다양한 스트레스에 노출되면서 우울증을 경험하는 중일 가능성이 큽니다. 그러므로 아들의 일상생활을 살펴보는 것이 좋아요. 하지만 단지 부모와 대화하는 것을 거부하려고 하는 것이라면 이것은 단지 잔소리가 듣기 싫어서 그런 거예요. 사춘기 아들과는 마음을 공감해주고 말을 끝까지 들어주는 자세를 가져야 소통을 할 수 있습니다.

왜 매일같이 친구들이랑만 붙어 다니는 걸까?

또래집단을 통해 정체성을 형성하는 시기

학령기 때는 자신과 다른 관심사를 가진 친구들과도 제법 잘 어울리는 편이에요. 또 엄마들의 친분관계가 곧 아이들의 친구관계로 이어지는 경우도 많고요. 하지만 사춘기에 들어서면 완전히 달라집니다. 자신과 공통된 관심사를 가지고 있거나 사고방식이 비슷하거나 가치관을 공유할 수 있는 친구들과 긴밀한 관계를 형성하게 됩니다.

사춘기는 정체성을 형성해나가는 시기입니다. 그래서 자신이 속한 또래집단을 통해 서로 영향력을 주고받으면서 자신이 누구이고 자신이 속한 사회에서 어떤 위치에 있는가를 끊임없이 탐색해나가지요. 사춘기 아이들에게 또래집단은 정체성을 형성하고 확립하는 데 있어 아주 큰 역할을 하는 중요한 존재입니다. 친구들과 많은 시간을 어울려 다니고 싶어 하는 아들의 마음을 웬만하면 다 수용해주세요. 오히려 친구가 없어서 걱정을 하는 부모들도 많아요.

한마디로 아들이 친구와 많은 시간을 보내는 것은 결코 부정적인 영향을 끼치지 않습니다. 이 시기 아이들은 자신의 안전 기지가 부모에서 절친한 친구에게로 옮겨가는 경험을 하게 됩니다. 그래서 부모에게 말하지 못하는 것도 친구에게는 솔직하게 말할 수 있어요. 자신의 관심사를 부모와 공유하기보다 친구와 공유하고 싶어 하고요. 신뢰할 만한 친구가 생겼다는 것은 기뻐할 일이에요.

아들이 품을 떠난 것 같아서 허전한 마음이 들겠지만 그리 섭섭해 하지 않아도 됩니다. 친구가 세상의 전부인 양 모든 시간과 에너지를 쏟아붓다가도 정작 친구관계에서 어려움을 느끼면 다시 부모 품으로 돌아와 위로와 안정을 구할 거예요. 이것은 아들이 변덕스럽거나 이기적이어서가 아니라 힘든 일이 생기면 언제든지 내 편이 되어주는 믿음직한 부모부터 떠오르기 때문이에요. 아무리 친구가 소중하고 친구와 함께하는 시간이 즐겁더라도 마음속 깊숙한 곳에서는 자신을 가장 사랑하는 사람은 부모라는 기억이 사라지지 않습니다.

이때는 아들의 이야기를 들어주면서 위로하고 아들이 고민하는 문제에 대해 함께 해결 방법을 찾아주면 됩니다. 다시 친한 친구가 생기면 또다시 아들은 친구에게로 향하겠지만 부모의 영향력은 언제나 아들 마음에 남아 있으니 섭섭해하거나 걱정할 필요가 하나도 없어요.

아들이 너무 많은 시간을 친구들과 보내서 학업이나 학교생활에 지장이 생길까 봐 걱정이 된다면 통제보다는 협상을 통해서 지켜야 할 범위를 정하는 것이 좋습니다. 예를 들어 집에 와서도 SNS를 통해 친구들과 계속 연결되어 있다면 식사시간에는 핸드폰을 들여다보지 말기 정도의 규칙만 제시하는 것이 합리적입니다. 집에 들어오면 SNS를 아예 하지 말라는 것은 지킬 수 없는 규칙이 될 게 뻔하니까요. 아예 못하게 하면 그것을 지키기 위해 어떤 노력을 해야 할까를 고민하는 것이 아니라 엄마에게 들키지 않으려면 어떻게 해야 할까에 대해 고민하게 될 겁니다. 아예 차단을 해야겠다고 핸드폰을 압수하면 그야말로 전쟁이 시작되고요. 현실적으로 가능한 선에서 협상하도록 하세요.

질풍노도의 시기에 남자아이들끼리 몰려다니다가 무슨 사고를 치는 게 아닌가 싶어 걱정이 되나요? 건강하고 따뜻하고 안정적인 가정환경에서 성장한 아이들은 친구끼리 어울려서 놀 때도 적절한 것과 적절하지 않은 것 사이에 경계를 정해놓고 스스로 잘 판단을 할 수 있습니다. 왜냐하면 어렸을 때부터 옳은 것과 안전한 것에 대한 교육을 충분히 받았기 때문이에요. 또 일탈적인 행동을 시도했다가도 그것이 잘못되었음을 깨닫거나 부모의 진심 어린 충고를 들으면 다시 제자리로 돌아와 중심을 잡게 됩니다.

아들이 친구들이랑 어울리면서 사고를 치고 말썽을 부리는데 엄마 말을 전혀 듣지 않아 걱정이라면 이 또한 그동안의 양육환경이 어땠는지를 돌아봐야 합니다. 부모로부터 충분한 사랑을 받지 못하고 성장한 아이들은 사춘기가 되었을 때 애정 결핍을 친구들에게서 충족하려고 할 수 있어요. 결핍된 애정을 충족해주는 친구들과 함께라면 그것이 일탈적인 행동이라도 기꺼이 하게 되고요. 오히려 친구들과 그런 행동을 함께 하면 소속감이 느껴져서 더욱더 몰두할 수도 있지요.

이런 상황에서는 아들에게 충분한 사랑을 주고 있는지, 아들과 원활하게 소통하고 있는지, 아들로부터 신뢰를 받고 있는지에 대해 꼭 점검해볼 것을 권합니다. 아니라면 지금이라도 많은 노력을 기울여야 해요. 이런 것이 충족되지 않으면 아들은 친하게 지내던 친구와 문제가 생겨서 사이가 틀어졌을 때도 부모에게 다시 돌아오지 않을 테니까요.

아들 마음 읽기 ✱ 사춘기 아들이 친구들과 어울리는 것은 지극히 자연스러운 일입니다. 사춘기에 접어들면 또래집단을 통해 서로 영향력을 주고받으면서 정체성을 형성해나갑니다. 만약 친구와 사이가 틀어졌다고 부모로부터 위로를 받고자 한다면 충분히 위로를 해주어 마음의 안정을 되찾아주세요. 언제든지 자기편이 되어주는 부모에 대한 신뢰감의 표시니까요.

문제아 친구들과 어울려 다니는 아들 때문에 고민이라면?

친구에 대한 비난을 자신에 대한 비난으로 받아들이는 사춘기

아들이 행실이 바르지 못한 문제아들과 가깝게 지냈다면 엄마가 지혜를 발휘해 아들을 그 상황에서 벗어나게 해야 해요. 친구들을 비난하면서 억지로 떼어놓는 것은 절대로 안 됩니다. 사춘기에는 집단 정체성을 형성하기 때문에 친구를 비난하는 것은 곧 자신을 비난하는 것이라고 생각하게 돼요. 반항하는 마음이 생겨 엄마가 만나지 말라는 친구를 몰래 더 자주 만날 수 있습니다. 또한 앞에서 말했던 것처럼 '로미오와 줄리엣 효과(195쪽 참조)'로 인해 엄마가 하지 말라고 하는 것은 더 하려고 하는 심보가 발동할 수 있어요.

엄마 마음에 들지 않는 친구인지, 아니면 아들에게 정말로 악영향을 주는 친구인지를 분명하게 구분해주세요. 단지 공부를 못하고 놀기만 좋아하고 가정환경이 좋지 않아 엄마 마음에 안 드는 것일 수도 있잖아요. 이런 이유로 친구에 대해 부정적인 태도를 보인다면 그것은 본전도 찾지 못하는 일이 되고 말 거예요.

친구가 마음에 들지 않더라도 일단은 아들과의 대화를 통해 그 친구와 만나면 어떤 점이 재미있고 흥미로운지에 대해 관계를 엿보는 것이 좋습니다. 아들이 그 친구를 집으로 초대했다면 간식도 챙겨주고 이것저것 대화도 나누면서 어떤 친구인지 관찰해보고요. 실제로 다양한 친구를 사귀는 것은 중요한 자원이 되기도 해요.

하지만 아들이 일탈적인 행동을 하도록 부추기는 친구라면 자연스럽게 끊어주어야 합니다. 너무 직접적으로 비난을 하면 아들이 그 문제에 대해 이야기하는 것을 꺼릴 수 있으므로 비난은 삼가면서 그 친구를 인정하지 않겠다는 뜻을 분명하게 전달해주세요.

아들이 문제아들과 어울리며 문제 행동에 깊게 발을 들여놓은 상황이 아니라면 그런 행동을 하는 자신의 모습에 불안감을 느껴 엄마에게 솔직하게 이야기할 수 있어요. 이때가 기회입니다. 엄마는 그 친구의 행동에 대해 어떻게 생각하는지 아들에게 물어보면서 그것을 억지로 따라 할 필요는 없다고 이야기해주세요. 또 지금 하고 있는 행동들이 어떤 위기를 가져오게 될지에 대해서도 이야기 나누면서 도움을 줄 수 있는 장치를 마련해야 합니다.

아들이 문제아와 어울리지는 않지만 혹시나 어울리면 어떻게 하나 걱정된다면 지금부터라도 친구 사귀기에 대해 이야기 나누어보세요. "네 나이 때 다양한 친구들과 어울려보는 건 아주 중요해. 하지만 선생님한테 대든다거나 술 담배를 한다거나 남의 물건을 함부로 빼앗는 친구들과는 가까이 지내지 않는 게 좋아."와 같은 식이면 돼요. 하지만 이것이 효과를 발휘하기 위해서는 엄마가 평소에 아들의 친구들을 성적이나 실력으로만 판단하지 않고 성품을 우선시하는 것이 중요합니다. 그래야 아들에게 행실이 바르지 못한 친구들과는 어울리지 말아야겠다는 가치관이 생기니까요.

사람은 보통 자신과 다르거나 자신이 못하는 것을 잘하는 사람들에게 끌리게 됩니다. 내가 갖지 못한 것을 가진 사람들에게 충분히 매력을 느낄 수 있어요. 하지만 그것은 잠깐입니다. 결국은 자신과 비슷한 점이 많은 사람에게 친근감을 느끼며 가깝게 지내게 돼요. 엄마가 인내심을 갖고 믿음과 사랑을 전한다면 아들은 엄마가 나쁜 친구들의 영향을 받는 자신에 대해 많은 걱정을 하고 있음을 느끼고 스스로 달라질 겁니다.

아들 마음 읽기 ✳ 문제적 행동을 하는 아들의 친구가 마음에 들지 않더라도 직접적으로 비난하고 어울리지 말 것을 강요해선 안 됩니다. 사춘기는 집단 정체성을 형성하는 시기라 친구를 비난하는 것은 곧 자신을 비난하는 것이라는 생각을 하게 돼요. 친구가 아들의 일탈행동을 부추기는 경우가 아니라면 어떤 점 때문에 그 친구와 어울리는 것에 흥미를 느끼는지 파악하는 것이 가장 중요합니다. 일탈행동을 부추기는 경우라면 자연스럽게 끊어줘야 합니다.

혼자 다 알아서 하겠다는 아들이 못미덥다면

지시는 간단명료하게,
책임은 아들 본인에게!

"알아서 할 테니까 나 좀 그냥 내버려 둬요."

이런 말을 들으면 감정이 참 복잡미묘해지지요. 정말 혼자서 뭘 해보고 싶은 의지가 생겼다면 철이 든 아들의 모습을 대견스러워해야 할 참이지만, 그냥 엄마가 간섭하는 게 싫어 참견 좀 하지 말라는 뜻이라면 아들의 말을 선뜻 수용해줄 수 없으니까요.

결론부터 말하자면, 이제 혼자 힘으로도 잘할 수 있을 것 같으니 엄마 도움 없이 스스로 해보고 싶어 하는 경우보다는 아무것도 하기 싫은데 엄마가 자꾸 간섭하는 게 귀찮으니 일단 엄마의 잔소리를 멈추어보려는 속셈으로 하는 말인 경우가 훨씬 많습니다. 평소에 엄마로부터 잔소리를 들은 경험이 많을수록 엄마의 간섭을 더 싫어하고 귀찮아할 거예요. 최대한 아들의 입장을 존중하여 엄마의 생각을 전달한다고 하더라도 아들에게는 그저 듣기 싫은 잔소리일 뿐이지요.

예를 들어 "엄마도 네가 알아서 네 할 일을 했으면 좋겠어."라고 엄마로서는 최대한 화를 참고 점잖게 이야기했겠지만 아들 입장에서는 비아냥거린다는 느낌을 받을 수 있어요. 자신이 혼자 할 수 없을 것이라고 생각하면서 말만 이렇게 한다는 사실을 아들도 잘 알 테니까요.

"학원 갈 시간이 얼마 안 남았는데 숙제는 뒷전이고 유튜브만 보고 있으니 엄마로서 걱정이 되는구나."라는 말로 걱정스러운 엄마의 마음을 전달하고 싶겠지만 이 또한 아들에게는 잔소리입니다. 엄마의 마음을 위로해달라는 메시지로 들리는데, 아들에게 엄마의 마음은 별로 신경 쓰이지 않거든요.

"엄마도 너에게 잔소리를 하고 싶지 않아서 지금까지 기다리고 있었어. 그런데 더 이상 보고만 있을 수 없는 상황이라서 어쩔 수 없이 이야기하는 거야."라는 말도 비슷합니다. 잔소리를 해야만 하는 상황을 친절하게 설명해주고 있지만 이런 장황스러운 설명은 사춘기 아들을 더 짜증 나게 만들 수 있어요.

"어른이 시키는 대로 하는 건 어린아이잖아. 엄마는 네가 네 일을 알아서 잘할 만큼 컸다고 생각해. 너는 어떻게 생각하니?"라는 말은 어떨까요? 만약 아들이 어떤 일을 자율적이고 주도적으로 잘했을 때 칭찬을 하면서 부가적으로 언급한다면 아주 효과가 있습니다. 하지만 아들이 뭔가를 잘 해내지 못한 상태에서 이 말을 한다면 상당한 부담감을 안겨줍니다. 아들에게는 듣기 싫은 잔소리가 되겠지요.

아들에게는 그냥 해야 할 일에 대해서 간단명료하게 지시하는 것이 좋습니다. 숙제를 안 하고 있으면 숙제를 하라고 하고 안 씻고 있으면 씻으라고 하면 돼요. 만약 아들이 자기가 알아서 하겠다고 큰 소리를 떵떵 치면 차라리 혼자 알아서 하도록 내버려 두세요. 잔소리가 듣기 싫어서든, 정말로 자기 계획대로 스스로 할 생각이 있든 아들이 알아서 하겠다고 할 때는 맡겨두는 것이 최선입니다.

시간을 충분히 주어도 잘 해내지 못할 것이라고 예측되는 상황이라면 참고 기다려 주는 것이 많이 고통스러울 거예요. 그래도 일단은 혼자 하도록 내버려 두는 것이 가장 좋습니다. 아들이 큰 소리만 떵떵 치는 것이 못마땅하다고 해서 감정적으로 접근하는 것은 아무런 효과가 없어요. 서로 상처만 남게 될 뿐이지요. 오히려 아들이 혼자 알아서 하겠다고 하면 "좋은 생각이다. 그렇게 하도록 해. 혹시나 엄마가 도울 일이 있으면 이야기해줘."라고 말하면서 지켜보는 것이 해답이 될 수 있어요.

아들이 스스로 해낼 수도 있고, 아무것도 못해서 엉망진창이 될 수도 있어요. 만약 아들이 스스로 계획을 세워 뭔가를 잘 해냈다거나 뭔가를 잘하기 위해 노력하는 모습이 보인다면 아주 사소한 것이라도 칭찬해주세요. 방을 어설프고 이상하게 정리해놨다고 하더라도 "멋지다. 진정한 네 보금자리구나." 하면서 축하해주세요. 어른처럼 대접받고 싶어 하지만 아직 내면적으로 어린아이 같은 모습을 보이는 사춘기 아들은 자신을 믿고 지지해주는 사람이 있다고 느낄 때 더 잘하려고 노력할 것입니다.

만약에 아무것도 한 것이 없다면 그 결과에 대한 것은 아들이 책임을 지도록 하면 됩니다. 숙제를 안 해서 선생님께 혼나는 것도 아들의 몫이고, 방이 너무 지저분해서 찾는 물건이 어디에 있는지 몰라 헤매는 것도 아들의 몫으로 둬야 하지요. 아들이 스스로 엄마에게 도움을 요청할 때까지 아무것도 도와주지 마세요. 아들이 도움을 요청하면 그때는 최선을 다해서 도와주고요. 그러면서 아들은 아직은 혼자할 수 없는 게 있다는 사실을 깨달을 수도 있고 앞으로는 계획을 짜서 잘 준비해야겠다는 다짐을 할 수도 있습니다. 그런 시행착오를 통해 아들은 성장합니다.

아들 마음 읽기 ✳ 아들이 잔소리가 듣기 싫어서든, 아니면 진짜 혼자서 스스로 해결할 생각이 있어서든 자기 혼자 알아서 할 테니까 신경 쓰지 말라고 하면 정말로 혼자서 알아서 하도록 내버려 두세요. 만약 아들이 혼자서 잘 해냈다거나 노력한 부분이 있다면 사소한 부분이라도 칭찬해주세요. 아무것도 하지 않아서 결과가 좋지 않다면 그 결과에 대한 책임을 혼자 감당하도록 해야 합니다. 먼저 도와달라고 하기 전에는 절대 도와주지 말아야 합니다.

하루 종일 스마트폰을 손에서 놓지 못하는 이유가 뭘까?

'통제와 지시' 대신
'이해와 타협'으로 해결하기

사춘기 자녀와 가장 치열한 전투를 벌이고 있는 격전지가 스마트폰이라고 해도 과언이 아니에요.

이 문제를 잘 해결하기 위해서는 무엇보다 스마트폰이 내 아들에게 어떤 존재인지부터 이해하고 인정해야 합니다. 요즘 아이들에게 스마트폰이란 단순한 '게임이 되는 전화기' 정도가 아니에요. 아이들은 스마트폰을 통해 음악을 듣고 영화를 보고 게임을 하며 즐거움을 얻습니다. 아이들에게 최고의 놀이터인 셈이지요. 모르는 것이 생기면 우리 어렸을 때처럼 사전을 찾아보지 않습니다. 구글이 다 해결해주거든요. TV를 보고 싶어도 엄마 아빠와 실랑이하지 않습니다. 아이들이 보고 싶은 콘텐츠는 유튜브에 다 있으니까요.

친구들도 카카오톡, 페이스북, 인스타그램 등을 통해서 만납니다. 친구가 어떻게 지내는지 궁금하면 편지나 전화를 하는 대신 그 친구들이 만들어 올려놓은 브이로그를 보며 댓글을 남기고 '좋아요'를 누르지요. 한마디로 스마트폰은 아이들에게 놀이터이자 도서관이자 친구와 소통하는 역할을 모두 다 해주는 최고의 동반자랍니다.

이렇게 재밌고 편하고 고마운 스마트폰을 어떻게 손에서 놓을 수 있겠어요. 게다가 요즘 아이들에게 스마트폰이나 인터넷 이외에 다른 곳에서 즐거움을 얻을 수 있는 대안이 딱히 없잖아요. '학생이 그 시간에 공부나 하면 되지.'라는 생각은 전혀 아들의 입장을 고려하지 않은 일방적인 판단이에요. 사춘기 아들에게는 '통제'와 '지시'는 더 이상 통하지 않습니다. 그 자리를 '이해'와 '타협'으로 대체해야 해요.

억지로 스마트폰을 못 하게 한다고 해서 해결되지도 않습니다. 초등학교 때야 엄마가 일주일에 몇 시간만 하라고 하면 그만큼만 하고, 하지 말라는 앱은 다운받지 않았을지도 모릅니다. 그런데 사춘기 아이들의 독립의지는 스마트폰과 같은 물건으로도 아주 강력하게 표출됩니다. 좋은 말로는 절대로 사춘기 아들의 스마트폰 사용량과 내용을 통제하지 못할 거예요. 좋은 말로 하지 않으면 전쟁이 시작되는 것이고요.

가장 현실적인 방법은 정말 최소한의 것만 제한하는 것이에요. 그것조차도 아들과 미리 협의해서 약속된 것만 실행해야 해요. 예를 들어 밤늦도록 스마트폰을 손에 들고 있는 아이에게(많은 청소년들이 이런 상황입니다.) 정해진 시간에 잠을 자야 다음 날 정해진 일정을 무리 없이 소화할 수 있으므로, 밤 12시 이후부터는 스마트폰을 거실에 내놓고 잠을 자기로 약속하는 정도는 충분히 협의할 수 있는 조건입니다. 시험을 치러야 하는 기간에는 시험공부에 방해가 될 수 있으므로 1~2주 정도 스마트폰을 가지고 다니지 않으면서 잠자기 전 한 시간 정도만 SNS를 확인하도록 하는 것도 충분히 제시해볼 수 있는 조건이에요.

타협의 수준이 무조건 엄마의 양보를 요구하는 것만 같아서 어이없지요? 너무 높은 수준의 규칙을 내세우면 아들은 아예 지킬 생각조차 안 할지도 모릅니다. 수확할 수 있는 결실의 크기가 너무 작아서 성에 안 차겠지만 그래도 아무것도 수확하지 못하는 것보다는 낫잖아요. 사춘기 아들과 스마트폰은 좀처럼 떼어놓기 힘든 찰떡궁합이라서 그 정도 수준의 규칙을 지켜주는 것만으로도 기특해해야 해요.

아들의 스마트폰 사용 습관을 좀 더 건전하게 바꿔주고 싶다면 더 세고 더 많은 규제를 만드는 것보다 차라리 아들이 스마트폰으로 무엇을 하는지 관심을 갖고 그것을 함께 공유하는 쪽을 선택해야 합니다. 아들이 좋아하는 게임이 무엇인지, 그것이 왜 그렇게 재미있는지 대화를 나눠보는 거예요. 유튜브에서 구독하고 있는 채널이 무엇인지, 그 채널이 어떤 특징이 있는지도 함께 보면서 대화를 나눠보고요. 페이스북에는 어떤 콘텐츠들을 올리고 있고, SNS로 연결되어 있는 다른 친구들은 어떤 콘텐츠들을 올리고 있는지 살펴보는 것도 좋습니다.

자신의 관심사에 흥미를 보이는 엄마는 친한 친구처럼 친근하게 느껴질 거예요. 이런 식으로 가까워진 엄마에게는 자신의 경험을 나누고 싶은 마음이 생겨 평소에도 허물없는 대화를 나눌 수 있는 사이가 될 수 있지요. '콘돔'이나 '술' 같은 민감한 화젯거리에 대해서도 편안하게 이야기할지도 모릅니다. 아이가 뱃속에 생겼다는 것을 알게 된 순간부터 꿈꾸었던 '친구 같은 엄마'가 되는 것이지요.

또 이렇게 돈독한 관계를 맺어두면 "시험 기간에는 스마트폰이 공부에 방해가 될 수 있으니 엄마에게 잠시 맡겼다가 시험이 끝나면 다시 가져가면 어떻겠니?"라는 엄마의 제안을 선뜻 받아줄 겁니다. 엄마가 자신의 관심사를 존중해준 것처럼 아들도 엄마의 권위를 존중해주고 싶을 테니까요.

아들 마음 읽기 ✳ 사춘기 아들에게 있어 스마트폰은 단순히 게임이 되는 전화기가 아닙니다. 요즘 아이들은 스마트폰으로 놀고 소통하고 휴식합니다. 세상에서 가장 좋고 소중한 친구이지요. 억지로 못하게 하는 것은 아무 효과가 없어요. 최소한의 것만 통제하면서 아들이 어떤 것에 관심을 기울이고 자주 접속을 하는지 관심을 가져주세요. 또 아들이 좋아하는 것에 대해 존중하는 모습을 보여주세요. 그래야 신뢰 관계를 돈독하게 쌓을 수 있어요.

진로에 대해 무관심해 걱정된다면

진로에 대한 고민이 없다는 건
정체성의 문제

청소년이 된 아이들은 본격적으로 진로에 대한 고민을 시작해야 합니다. 이 시기에 어떻게 공부하느냐에 따라 어느 대학교에 가서 어떤 전공을 하게 될지가 결정되니까요. 꼭 공부만이 전부는 아니지요. 앞으로의 인생 목표가 좋은 대학에 가서 안정적인 직장을 갖는 데 있는 것이 아니고 자신이 잘하고 좋아하는 것을 찾아내어 만족도 높은 일을 하며 살아가고 싶다고 하더라도 그 또한 청소년기부터 슬슬 준비해나가야 합니다.

이런 중요한 시기에 아들이 할 줄 아는 것이 없고 하고 싶어 하는 것도 없다면 무척 걱정되고 답답할 거예요. TV 속에 나오는 청소년들처럼 거창한 꿈을 꾸고 멋진 성과를 이루며 살아가지는 않더라도 목표를 세우고 미래를 꿈꾸는 모습을 볼 수만 있으면 좋겠는데 말이에요. 오죽하면 사춘기가 되면 공부 잘하거나 말 잘 듣는 아이가 효자 효녀가 아니라 하고 싶은 게 있는 아이가 효자 효녀라는 우스갯소리가 있겠어요.

아들이 앞으로의 진로에 대해 꿈이나 목표가 전혀 없어 보여 걱정이라면 심각한 문제가 맞습니다. 꿈이나 목표가 있어야 공부를 열심히 해서 성적을 올릴 수 있고, 꿈이나 목표가 있어야 자격증도 따고 대회에 나가 보려는 시도를 할 것이라는 현실적인 판단과는 또 다른 문제입니다. 진로에 대한 고민은 정체성과 밀접한 관련이 있기 때문이에요. 진로에 대해 고민한다는 것은 내가 무엇을 좋아하는지, 내가 무엇을 하고 싶은지, 내가 무엇을 잘하는지, 내 삶에서 가장 큰 가치는 무엇인지에 대해 고민한다는 뜻이에요. 이러한 고민을 통해 아이들은 정체성을 형성해나가거든요. 한마디로 진로에 대해 아무 생각이 없다는 것은 청소년기에 가장 중요한 수행과제인 정체성 확립이 잘 이루어지지 않고 있다는 뜻이 되겠지요.

아들만 나무랄 수는 없습니다. 이것은 분명 양육환경과 연결이 될 거예요. 아이가 그동안 부모가 내린 결정에 대해 무기력하게 따르기만 했다면 당연히 진취적으로 진로 탐색을 하지 못해요. 그야말로 안 하는 것이 아니라 못하는 것입니다. 그동안 자신의 문제에 대해 스스로 선택하고 결정한 경험이 없는데 어떻게 앞으로의 인생 목표를 설계하고 실행할 수 있겠어요.

공부만 잘하면 모든 게 허락되는 환경에서 자란 경우에도 다를 게 없습니다. 매일같이 학원에서 내주는 숙제를 하느라 바쁜데 스스로 인생에 대해 고민해볼 겨를이 있었겠어요? 또한 시험을 잘 봐서 성적이 오르면 원하는 것을 다 해주겠다는 거래가 오고 가는 상황 속에서 스스로 목표를 세워볼 동기가 있었을까요?

어렸을 때 아들이 어떤 일을 결정하고 도전할 때 외적인 보상을 제시했다면 그 또한 적극적인 진로 탐색의 방해 요소가 될 수 있어요. 예를 들어 "수학시험에서 100점 맞으면 이번 주말에 마음껏 게임하도록 해줄게." "두 달 동안 영어캠프 다녀오면 노트북 사줄게."와 같은 말은 외적인 보상입니다. 외적인 보상은 어떤 일에 도전해서 뭔가를 알아가고 더 나은 사람이 되어가는 과정을 즐기지 못하게 만들어요. 오로지 결과를 달성하는 데만 집착하게 만들지요. 이것이 어렸을 때는 갖고 싶은 물건이나 용돈을 얻기 위해 아들을 움직였을지도 모릅니다. 하지만 사춘기에 접어든 청소년 아들에게 이 거래는 더 이상 아무런 매력도 없어요.

진로 탐색을 위해서는 자신의 능력과 흥미에 근거해서 미래를 상상하고 계획할 여유가 있어야 합니다. 그래서 진작에 자신의 능력은 어느 정도인지, 자신은 무엇에 흥미를 갖고 있는지를 파악했어야 해요. 그런데 사춘기 아이들에게 "무엇을 할 때 행복하고 흥분되고 네가 유능하다고 생각하니?"라고 질문하면 아마 대부분이 "몰라요." 내지는 "없어요." 내지는 "생각 안 해봤어요."라고 대답할 것입니다. 왜냐하면 진짜로 자신의 능력이나 흥미에 대해 고민해본 경험이 없기 때문이에요. 이 말은 곧 그동안 우리 아이들이 부모가 내린 결정을 무기력하게 따르며 살아왔거나, 공부만 잘하면 다 된다는 분위기 속에서 살아왔거나, 내적인 보상보다는 외적인 보상에 노출되어 살아왔다고 볼 수 있겠지요.

진로 탐색에 소극적인 아들이 답답하다고 해서 "너는 이다음에 뭐가 되고 싶니?" "너도 뭐 좀 해 보려고 해 봐." "아무것도 안 하면 아무것도 할 수 없는 사람이 돼."와 같은 말로 다그치는 것은 아무 소용이 없어요. 다그쳐도 달라지는 것은 없을 테니까요.

지금이라도 자신의 진로를 스스로 탐색하는 진취적인 아들의 모습을 보고 싶다면 먼저 아들의 이야기를 들어주세요. 도대체 무슨 생각을 갖고 살아가는 건지 궁금하다고 "아빠가 하시는 일에 대해 어떻게 생각해?" "선생님은 다른 사람에게 가르침을 주는 좋은 직업이지. 선생님이라는 직업에 대해서 생각해본 적 있니?"라는 식으로 진로에 대한 직접적인 질문을 하는 것은 삼가야 합니다.

일단은 아들이 하는 어떤 이야기든 많이 들어주세요. 엄마와의 대화가 즐거워지면 아들은 자신이 요즘 흥미롭게 생각하는 것, 관심 있게 지켜보는 것까지 털어놓게 될 겁니다. 아들이 시를 잘 쓰거나 시에 관심이 있다고 해서 "시인이 되고 싶니?" "시인이 되면 좋겠네."라는 피드백을 주는 것도 피해야 합니다. 부담감을 줄 수 있거든요. 그 대신 아들이 자신의 꿈과 관련된 경험을 풍부하게 할 수 있도록 넌지시 이끌어주세요.

엄마가 다양한 사람에 대한 이야기를 들려주는 것도 많은 도움이 될 수 있어요. 아들이 창업에 관심이 있어 보인다면 지금의 구글을 만들어낸 래리 페이지Larry Page나 지금의 애플을 만들어낸 스티브 잡스Steve Jobs의 이야기를 들려주세요. 프로게이머에 대한 선망을 가지고 있다면 우리나라 최고의 LOL 프로게이머 페이커 이야기를 들려주면 좋고요. 자신이 관심을 가지고 있는 분야에서 전설적인 발자취를 남긴 인물의 이야기를 듣다 보면 성공은 용감하게 도전해서 끈기 있게 노력하고 좌절 없이 극복하는 사람들에게 주어지는 결실이라는 사실을 깨닫게 될 테니까요.

아들 마음 읽기 ✳ 청소년이 되면 자신의 진로에 대해 고민하고 계획을 세우기 시작해야 해요. 하지만 그동안 공부 잘하는 게 최고라는 가정환경 속에서 수동적인 인생을 살아온 아이라면 진취적인 진로 탐색을 하지 못합니다. 자신의 능력과 흥미에 대해 고민해본 경험이 없고 자신에 대해 아는 것이 없어서 그래요. 지금이라도 아들이 무엇을 할 때 행복한지, 무엇을 잘하는지를 스스로 찾아볼 수 있도록 대화를 많이 해주세요. 엄마가 찾아주는 것이 아니라 아들이 스스로 찾게 하는 것이 핵심입니다.

성적이 바닥인데도 큰소리만 떵떵 친다면

스트레스에 당당히 맞서는 것도 용기가 필요해요

"솔직히 말하면 성적이 최하위권이에요. 그런데 그렇게 천하태평일 수가 없어요. 자기가 공부를 열심히 안 해서 그렇지, 막상 마음먹고 공부를 시작하기만 하면 곧바로 1등급을 받을 수 있다고 큰소리까지 떵떵 쳐요. 공부 좀 하라고 하면 이 핑계 저 핑계만 대서 정말 속이 썩어 문드러질 지경이에요."

아들 때문에 이와 같은 고민을 하고 있다면 크게 두 가지로 원인을 나누어볼 수 있어요. 우선 겉으로는 아무렇지 않은 척 대범하게 행동하지만 속은 그렇지 않은 경우가 있어요. 성적이 좋지 않은 것이 자존심 상해 일부러 그 마음을 감추려고 그럴 수 있어요. 아니면 아들이 나름 성적을 올리기 위해 혼자 몰래 노력을 했는데 원하는 만큼 결과가 나오지 않아 상처받은 마음을 그렇게 표현할 수도 있습니다. 한마디로 스트레스받은 자신의 속마음을 회피하고 있는 거예요.

엄마도 답답하겠지만 아들도 상당히 건강하지 못한 방법으로 자신의 스트레스에 대처하고 있어요. 스트레스는 정확히 인식하고 당당히 맞서야 이겨낼 수 있습니다. 이런 식으로 회피하다가는 쌓이고 쌓여 언젠가는 터져 나올 거예요. 아주 이상한 순간에 적절치 않은 모습으로 터져 나올 수도 있지요.

당연히 엄마가 도와줄 수 있어요. 그러기 위해서는 점수나 등급에 초점을 맞추면 안 됩니다. 시험 기간 동안 어떤 계획을 세우고 그 계획을 어떻게 실천했는지에 관심을 기울여주세요. 그러면서 등급이 중요한 게 아니라 공부를 열심히 하기 위해 노력하는 모습이 더 값진 것이라는 사실을 알려줘야 해요. 1등은 아무나 할 수 없잖아요. 1등은 딱 한 명이니까요. 하지만 열심히 노력하는 것은 누구나 할 수 있습니다. 마음먹기에 달렸지요.

목표의 초점을 점수나 등수가 아니라 노력하는 과정에 맞추면 적어도 시험 결과가 만족스럽지 않았을 때 그 결과를 회피하려고 하는 모습은 보이지 않게 됩니다. 오히려 열심히 노력하지 않은 자신의 모습을 반성하게 되지요. 다음에는 더 노력하는 모습을 보일테고요. 그 모습을 칭찬해주면 더더 노력하는 모습을 보일 수도 있습니다.

그런데 진짜 공부에 뜻이 전혀 없는 경우에도 허풍스러운 모습을 보일 수 있어요. 공부할 생각이 없을뿐더러 기본기가 없어서 공부를 한다고 해도 잘할 가능성이 없다는 것을 잘 알면서 그냥 큰소리만 치는 거예요. 이런 아이들에게는 시험 기간은 더더욱 축복받은 시간들이지겠요. 학교가 일찍 끝나니 잠도 많이 자고 게임도 실컷 할 수 있으니까요.

이야기를 나누면서 아무리 동기를 부여해줘도 공부에 전혀 뜻이 없어 보인다면 억지로 시켜서 시간을 낭비하고 부모 자식 관계를 망가뜨리기보다는 다른 적성을 찾아보는 것이 좋아요. 요즘은 공부만 잘하는 모범생보다는 획기적인 아이디어와 진취적인 실천력을 바탕으로 하는 창의적 인재가 더 각광받는 시대잖아요. 자신의 재능과 흥미를 찾아 미래를 설계하는 쪽이 아들에게 큰 행복과 성공을 가져다주는 지름길이 될 수 있습니다.

아들 마음 읽기 ✳ 결과가 만족스럽지 않을 때 그에 대한 스트레스를 회피하는 경향이 있는 아이라면 괜히 대범한 척 행동할 수 있어요. 하지만 마음속으로는 커다란 좌절감과 실망감을 경험하고 있을 것입니다. 이때는 엄마가 목표의 초점을 시험 점수나 등수에 맞추지 말고 노력하는 과정 자체에 맞출 수 있도록 도움을 줘야 합니다. 정말 공부에 뜻이 하나도 없는 아이가 큰소리만 떵떵 치는 것이라면 현실을 직시하고 다른 대안을 찾아보는 것도 좋은 방법입니다.

엄마
마음챙김
08

조심스레 엄마가
다가가야 하는 때

사춘기 몸살을 심하게 앓고 있는 아들은 말은 밉게 하지만, 지금이야말로
엄마를 가장 필요로 하고 있습니다. 엄마가 먼저 조심스럽게 다가가보세요.

아들 엄마의 고민

말끝마다 엄마 때문에 짜증 난다고 하는 이유는 뭘까?

'짜증' 안에 담겨 있는 다양한 뜻 파악하기

"엄마 때문에 짜증 나 죽겠어!"라는 말은 아마 사춘기 아들을 키우는 엄마가 가장 자주 듣는 말일 거예요. 이런 말을 들으면 면박을 당했다는 생각에 섭섭하고 무시를 당했다는 생각에 화가 나기도 합니다. 하지만 왜 그런 말을 했는지 아들의 마음에 귀를 기울이다 보면 어느새 사춘기 괴물과 소통할 수 있는 요령을 터득하게 됩니다.

사춘기 아이들은 부모에게 불만이 있거나 화가 난 것을 말로 표현하기 어려울 때 부모를 무시하는 태도로 자신의 감정을 보여주기도 해요. 아들이 엄마에게 "엄마 때문에 짜증 나 죽겠어!"라는 말을 했다면 이것은 곧 '엄마가 나한테 그러는 게 싫어요. 그래서 엄마와 대화하고 싶지 않아요.'라는 메시지예요.

가령 엄마가 성적 외에는 자신에 대해 관심이 없는 것 같아 섭섭한 상태에서 어떤 일에 대해 무조건 잘못했다고 지적한다면 아들은 어떤 생각이 들까요? 엄마가 자신을 이해하지 못하고 있고, 자신이 엄마에게 존중받지 못한다는 생각이 들겠지요. 그래서 엄마와의 대화를 아예 차단해버리는 거예요.

만약 추궁하고 지적하는 엄마의 태도가 이전부터 지속되어 왔다면 사춘기에 접어든 아들은 엄마를 자신과 마음을 나누는 상대로 생각하지 않을 겁니다. 아무리 좋은 의도로 아들에게 다가가려고 해도 아들은 이전 경험에 빗대어 분명 엄마가 이번에도 자신의 입장을 고려하지 않고 무조건 잔소리를 할 것이라고 생각하게 돼요. 그래서 듣기 싫은 잔소리를 차단하기 위해 '짜증 나니 그만 멈추라'는 메시지를 보내는 것이고요.

사춘기 아들이 엄마를 섭섭하게 만드는 말 중 또 하나가 바로 "엄마는 몰라도 돼."가 아닐까 싶어요. 아들과 대화를 하고 싶어 좋은 의도로 이것저것 질문을 했는데 "엄마도 몰라도 돼."라고 말하면 왠지 더 이상 아들에게 중요한 존재가 아닌 듯하여 섭섭하고 당황스러워집니다.

"엄마는 몰라 도 돼."라는 표현은 아들이 엄마로부터 독립하여 자신만의 영역을 만들어나가는 과정에서 나온 말이에요. 사춘기가 된 아들은 사생활을 보호받고 싶은 마음이 아주 강해집니다. 그래서 모든 걸 다 알려고 하는 엄마가 부담스러운 것이지요.

그래도 이런 말을 들으면 엄마는 순간 고민에 빠집니다. 섭섭하고 화가 나는 것은 둘째 문제일지도 모릅니다. 사춘기 때는 자기감정이 매우 강하고 예민해진다고는 하지만 엄마의 말에 폭언을 퍼붓는 아들을 내버려 두었다가는 천하의 나쁜 놈이 되는 건 아닌지 걱정스러워 한숨이 절로 나올 테지요.

야단쳐야 할까요? 섭섭하다고 하소연해야 할까요? 아니에요. 사춘기 아들이 이런 말을 할 때 가장 현명하게 대처할 수 있는 방법은 바로 '무반응'입니다. 아들을 꾸짖고 가르치려는 생각에 잔소리를 하기 시작하면 그때부터는 전쟁이 시작될 거예요. 아들은 아들대로 지지 않으려고 분노 가득한 표정과 괴성으로 엄마에게 맞설 것이고, 엄마는 그런 아들에게 온갖 악담을 퍼붓는 지경까지 이를지도 모릅니다. 서로에서 상처만 남고 관계는 더 멀어지겠지요.

순간 화가 나고 섭섭하더라도 사춘기 아들의 감정 상태를 감안하여 엄마가 꾹 참고 한발 물러나 주도록 합니다. 동시에 엄마가 너를 위해 참고 기다려주겠다는 메시지까지 전하면 정말 멋지고 화끈한 양보가 될 거예요. "네가 지금 엄마와 얘기하고 싶지 않구나. 그래 그만하자. 하지만 엄마랑 얘기하고 싶어지면 언제든지 다시 시작해도 돼. 엄마가 기다려줄게." 정도면 아들의 발달적 특징을 존중하면서도 엄마의 사랑을 전달할 수 있는 아주 멋진 대화가 됩니다.

아들이 엄마 때문에 짜증 난다고 해도, 엄마는 몰라도 되니 상관하지 말라고 해도 그것은 엄마가 미워서 하는 말이 아니에요. 그냥 지금은 엄마와 얘기하고 싶지 않고 혼자 있고 싶다는 뜻입니다. 또한 이 말이 엄마를 향한 말이 아닐 수도 있음을 잊지 마세요. 그냥 자기 자신 안에서 분명하게 해결되지 않은 무수한 일들 때문에 가장 편안한 엄마 앞에서 불안한 마음을 폭발하는 것일 수도 있습니다.

갈등이 생겼을 때 아들과 신경전을 벌이면서 서로의 마음에 생채기 내지 말고 무반응으로 덤덤하게 넘기면 됩니다. 이런 말을 할 때는 순간적으로 엄마가 너무 미울 수도 있겠지만, 마음속 깊은 곳에 자리 잡고 있는 엄마에 대한 사랑은 절대로 변하지 않아요.

아들 마음 읽기 ✳ "엄마 때문에 짜증 나 죽겠어."라는 말은 엄마가 자신에게 하는 말들이 듣기 싫으니 그만 이야기하고 싶다는 뜻입니다. 또 "엄마는 몰라도 돼."라는 말은 자신의 사생활을 존중해달라는 뜻이고요. 이런 말을 들으면 섭섭하고 화나겠지만 신경전을 벌이면 관계만 망가질 뿐이니 무반응으로 대응해야 합니다.

학교 안 간다며 고집부리는 아들

등교 거부는 이유부터 찾아야

　우리 세대만 해도 이유 없이 학교를 안 다닌다는 건 상상조차 할 수 없는 일이었어요. 다들 학교를 다니는 게 너무나 당연하다고 생각했고, 그래서 학교에 안 다니면 큰일 나는 줄 알았던 시절이었으니까요. 몸이 아파서 도저히 학교생활을 견뎌낼 수 없는 아이나 다른 학생들을 보호하는 차원에서 격리시켜야 하는 문제아만 학교를 다니지 않는 정도였지요. 정확히 말하면 그 아이들은 다니지 않는 게 아니라 다니지 못하는 것이었어요.

　그런데 요즘은 많이 달라졌습니다. 여전히 대부분의 아이들이 학교에 다니는 것을 학생의 당연한 의무로 생각하며 성실하게 학창 시절을 보내고 있지만, 어떤 아이들은 나름대로의 사정을 들어 학교생활을 정리하고 싶어 합니다.

아들이 학교에 다니고 싶지 않다는 뜻을 명확하게 밝히고 있다면 일단 정확한 사정부터 파악해야 해요. 그래야 무엇이 아들을 위해 더 좋은 길이 될지 결정을 내릴 수 있을 테니까요.

지금 아들에게 실현시키고자 하는 꿈이 있다면 학교를 다니면서 시간 낭비를 하는 것보다 그 분야에 대해 좀 더 전문적인 지식을 쌓기 위해 학교를 그만두고 싶어 할 수 있어요. 예를 들어 아들이 프로그래머가 되고 싶어 한다면 학교에서 의미 없이 도덕, 가정, 음악 같은 수업을 듣는 것보다 컴퓨터 학원에 다니며 컴퓨터 관련 기술을 터득하는 것이 더 효율적이라고 생각할 수도 있어요.

이때는 "쓸데없는 생각 하지 마."라면서 아들의 의견을 일방적으로 무시하지 말아주세요. 나름 고민을 많이 해서 내린 결론일 테니까요. "학교 안 다니면 사람들이 문제아 취급할 거야."라면서 엄마의 체면이나 욕심 때문에 학교에 다니게 하는 듯한 메시지를 주는 것도 안 됩니다. 오히려 반항심이 생겨 더욱더 자신의 뜻을 밀어붙이고 싶은 욕구만 부추길 테니까요.

차라리 네 뜻대로 해보라고 등 떠밀어보세요. 아이들은 하지 말라고 하면 그 방향으로 더 가려고 고집부리다가도 오히려 가보라고 등 떠밀면 다시 한번 되돌아보는 경향이 있거든요. 그러다가 스스로 걱정하는 부분에 대해 털어놓기도 하는데 그때는 인생의 선배로서 아들이 올바른 판단을 내리는 데 도움이 될 만한 조언을 해주면 됩니다.

"프로그래머의 첫 번째 조건은 컴퓨터를 잘하는 것이지. 하지만 컴퓨터만 잘한다고 훌륭한 프로그래머가 될 수 있는 것은 아니야. 다양한 경험과 지식을 쌓아야만 아이디어가 풍부해져서 상황에 적절한 프로그래밍을 할 수 있단다. 또 학교에서는 친구들과 선생님과의 관계에서 사회성도 배우고 인내심도 배우잖아. 그런 것이 사회생활을 하는 데 큰 도움이 돼."

만약 아들이 충분히 생각해본 뒤에도 자신의 뜻을 굽히지 않는다면 그 뜻을 수용해주어도 큰 문제가 없을 거예요. 다가올 세상에서 요구되는 가장 중요한 능력은 자신의 결정에 따라 계획을 세우고 그것을 실행해나가는 유능성입니다. 아들이 선택한 길은 유능성을 키울 수 있는 멋진 경험이 될 수 있습니다.

그 대신 아들이 고민하고 고려해야 할 부분에 대해서는 확실하게 얘기해줘야 합니다. 일단 아들이 깊이 고민하고 계획을 세운 점에 대해서 칭찬해주세요. 동시에 자신의 선택에 대해 책임져야 한다는 것도 알려주세요. 또한 아직 독립을 하지 않은 자식을 가진 부모의 역할도 있으니 엄마의 도움이 필요하면 언제든지 이야기해달라고 말해주세요. 자신의 결정이 잘못된 것임을 깨달았을 때도 상의해서 함께 최선의 방법을 찾도록 하자는 당부도 잊지 말고요.

아들이 학교생활에 적응하지 못해서 학교에 가고 싶어 하지 않을 수도 있어요. 만약 일방적으로 학교에 안 다니겠다는 것이 아니라 지금 학교가 싫으니 학교에 안 가거나 다른 학교로 전학을 갔으면 좋겠다고 한다면 이것은 학교생활에 적응하지 못해서 그럴 가능성이 커요. 새로운 학교에 가면 새로운 시작을 할 수 있을 것이라는 기대감이 들 테니까요.

그런데 아이가 친구 때문에, 성적 때문에 학교를 그만두고 싶다는 고민을 털어놓으면 의외로 "친구들 신경 쓰지 말고 네 할 일만 하면 되지. 그냥 다 무시해버리고 공부나 열심히 해." 내지는 "친구들이 걔들밖에 없는 것도 아니고, 다른 친구를 사귀어 봐." 내지는 "공부는 원래 어려운 거야. 다른 애들도 다 그렇게 힘들게 공부해."라고 말하며 대수롭지 않게 넘기는 경우가 많아요. 이것은 아이에게 엄청난 상처가 됩니다. 아이도 당연히 공부를 잘하고 싶을 겁니다. 그런데 그것이 잘 안 되니 답답하고 속상해서 해결 방법을 찾고 싶은 것이고요. 또 아이에게 친구관계는 너무나 절대적인 것입니다. 하루의 절반 이상을 학교에서 보내는데, 그 시간들을 함께 보내야 하는 친구들과의 관계가 원만하지 않다면 하루의 절반 이상을 스트레스 상태로 보낸다는 뜻이거든요. 집에 와서도 그 문제 때문에 고민하느라 마음이 편치 않을 테고요.

아마 아들이 학교생활에 적응하지 못해 휴학이나 전학을 제안했다면 그동안 아들은 그 문제로 무척 많이 힘들었을 거예요. 일단 그 마음부터 보듬어주면서 엄마가 항상 아들의 편이 되어 어려운 일을 함께 해결해나갈 것이라는 믿음을 주는 것이 중요해요. 그다음은 아들의 선택이 불가능한 것은 아니지만 어떤 선택이든 감내해야 하는 어려움이 있다는 것을 알려주세요. 예를 들어 전학을 간다면 그곳의 낯선 규칙에 적응하고 낯선 친구들과 어울리기 위해 많은 노력을 기울여야 하겠지요. 또 지금보다 거리상으로 멀어지게 되면 등하교를 하는 데 훨씬 더 많은 시간과 에너지를 쏟아야 하고요. 이런 어려움에 대해 이야기해주면서 지금 상황을 극복하는 것이 좋을지 아니면 새로운 선택을 통해 맞닥뜨리게 되는 어려움을 이겨내는 것이 좋을지 충분히 의논하여 결정하면 됩니다.

그냥 학교에 다니기 싫어서 학교에 안 가겠다고 하는 경우가 가장 골치 아픈 상황이지요. 단순히 공부하기 싫고, 아침에 일찍 일어나는 게 귀찮고, 선생님들이 이거 해라 저거 해라 지시하는 게 짜증 나서 학교에 가기 싫은 거예요. 이런 것들을 피해 하루 종일 잠만 자고 게임만 하면서 빈둥빈둥 놀고 싶은 것이지요.

대단히 심각한 상황입니다. 이런 상황이라면 엄마가 어느 정도 마음을 비워야 할 것 같아요. 게으르고 의지박약한 모습이 너무 한심해서 비난하고 질책하면 밖으로 나돌지도 모릅니다. 억지로 강요한다고 고분고분 말을 듣는 시기도 아니고요. 앞으로 자기 구실을 하고 살지 걱정스러운 마음에 아들의 마음을 바꿔보려고 잔소리를 늘어놓으면 관계가 단단히 틀어지기만 할 거예요.

집에 있는 것도 결코 만만치 않은 일임을 알려주세요. 학교에 가서 공부하는 것이 싫어 집에 있고자 한다면 그 대신 집안일을 하도록 규칙을 정하는 것이지요. 선택은 아들의 몫으로 해두세요. 일주일 정도 학교에 가지 않고 화장실 청소, 설거지, 빨래 등을 하도록 시켜보세요. 아마 학교 다니는 게 제일 쉽고 편하다는 것을 깨닫게 될 테니까요. 일주일 결석한 것치고 매우 큰 삶의 교훈을 얻게 될 것입니다.

아들 마음 읽기 ✳ 만약 아들이 자신의 꿈을 실현하기 위해 학교에 안 다니고 배우고자 하는 분야에 전념하고 싶다고 한다면 그럼에도 불구하고 학교에 다녀야 하는 이유에 대해 알려주세요. 그래도 아들이 자신의 계획을 굽히지 않는다면 동의하는 것도 괜찮습니다. 그 대신 어려움이 생기면 엄마에게 꼭 의논해달라고 이야기해주세요. 학교생활에 어려움을 겪거나 그냥 학교 다니기가 귀찮은 경우에도 엄마의 적절한 도움이 필요하니 일단 아들의 이야기에 귀를 기울여주세요.

방 안에서 나오지 않는 아들, 혹시 '은톨이'일까?

은톨이에게 방은 자신을
안전하게 지키는 공간

은둔형 외톨이는 우울증이나 대인공포증 같은 정신질환과는 전혀 다른 문제입니다. 단순히 소극적이고 내성적이어서 밖에 나가 사람들과 어울리는 상황을 어려워하는 것과도 다른 문제예요. 집에서 혼자 놀고 쉬는 것이 마냥 좋은 집순이 집돌이와도 확연하게 구분됩니다. 단지 하루 종일 게임을 하고 싶다거나 학교에 가서 공부하는 게 싫어 방 안에서 꿈쩍 안 하는 것도 아니에요. 학계에서는 3개월 이상 밖으로 나가지 않는 경우를 은둔형 외톨이로 구분하고 있어요.

은둔형 외톨이는 집 밖에서 혼자 외롭게 있고 다른 사람들과의 관계로부터 수치심이나 좌절감을 느끼는 것이 싫어 스스로 자신을 고립된 공간에 가둡니다. 은둔하기 시작하면 편안함을 느끼기 때문에 만족감이 커지지요. 아주 특별한 일이 있지 않은 한 모든 시간을 방 안에서 보내려고 합니다. 그로 인해 학업이나 사회생활을 더 이상 이어나갈 수 없어 중단하는 사람도 많고, 체중이 급격히 늘어 예전과 완전히 다른 모습으로 변화하는 사람도 많아요. 그 모습을 지켜봐야 하는 엄마 아빠에게도 커다란 고통과 시련이 따릅니다.

은둔형 외톨이가 된 청소년 중에는 의외로 어렸을 때는 착하고 공부도 잘했던 아이들이 꽤 많습니다. 그래서 처음에는 공부가 싫어서 혹은 엄마 아빠에게 반항하려고 그러는 것이라고 오해할 수도 있어요. 부모는 아들을 빨리 원래대로 되돌려놓고 싶은 마음에 단호한 극약 처방으로 맞설 가능성이 크죠.

은둔형 외톨이는 다른 사람들이 자신에 대해 나쁘게 말할까 봐 혹은 다른 사람들이 자신의 부탁을 거절할까 봐 불안해하고 걱정합니다. 수치심이나 좌절감, 외로움을 느끼는 것을 매우 괴로워하고요. 이럴 때 다그치고 비난하는 것은 절대로 안 돼요.

인터넷을 끊는다거나 걸어 잠근 방문을 일방적으로 열어버리는 것도 악수가 되고 말아요. 아들의 방문은 열리겠지만 마음의 문을 오히려 더 단단히 잠글 거예요. 그 전에는 그나마 가족과는 소통을 했었지만 그 후부터는 가족과도 소통을 단절해버릴 수도 있어요.

아들이 겪고 있는 무기력감에 공감해주면서 스스로 방 밖으로 나올 수 있을 때까지 인내심을 갖고 기다려줘야 합니다. 하지만 손 놓고 무작정 기다려주고만 있을 수는 없잖아요. 은둔 기간이 길어지면 길어질수록 고착화되어 점점 세상 밖으로 나오기가 힘들어지거든요. 방 밖으로 나와서 할 수 있는 아주 사소한 것부터 실천하기로 약속해보세요. 간식을 다 먹은 다음에는 그릇을 부엌에 내놓을 것, 갈아입은 속옷은 세탁기 안에 넣어둘 것 정도로 시작하는 게 좋아요.

단순하고 당연한 일이지만, 스스로를 고립시키고 있는 아들에게는 매우 힘들고 대단한 일이에요. 스스로 고립의 패턴을 끊어낸 셈이니까요. 실천했다면 아낌없는 칭찬으로 아들의 도전에 힘을 실어주세요.

아들이 원한다면 집에서 가장 가까운 '정신건강복지센터'에 연락해서 방문상담을 받아볼 수도 있어요. 하지만 이 또한 강압적으로 한다면 상황을 더욱 악화시킬 뿐입니다. 아들이 마음의 준비가 되었을 때 반드시 상호 협의 하에 해야 합니다.

아들 마음 읽기 ✳ 은둔형 외톨이는 다른 사람들과의 관계에서 수치심이나 좌절감을 느끼는 것이 두려워 스스로를 고립시켜요. 그 모습이 답답하고 걱정스러워서 강제로 방 안에서 꺼내려고 하면 마음의 문을 더욱더 견고하게 걸어 잠글 수 있습니다. 아주 쉽고 간단한 것부터 실천할 수 있도록 천천히 기다려주세요. 너무나도 당연한 일이지만 스스로를 사회로부터 고립시켜버린 은둔형 외톨이에게는 그것조차도 너무 힘든 일이에요.

담임선생님에 대한 반감이 너무 커서 걱정될 때는?

함께 해결하고자 하는
의지를 보여주는 것이 최선

사춘기에 접어들면 이전까지는 별 고민 없이 받아들였던 문제에 대해 의심을 하기도 하고 반기를 들기도 합니다. 생각하는 능력은 발달했는데 그것이 아직 안정될 만큼 성숙하지 않았기 때문이에요. 또 자신이 원하는 것이 현실적인 부분과 충돌했을 때 적절한 선에서 타협할 수 있어야 하는데 아직 융통성이 없어서 그것을 받아들이지 못하는 겁니다.

그래서 사춘기 때는 학령기일 적만 해도 마냥 좋고 긍정적으로만 생각했던 선생님에 대한 생각도 달라져요. 선생님이 하는 말과 행동에서 논리적인 모순이나 결함을 찾아내 그것에 대해 의문을 품기 시작하지요. 그러면서 결함이 있는 선생님이 자신에게 이런저런 지시를 내리는 것에 대해 반감을 갖게 됩니다.

이때는 "옛날에는 스승님 그림자도 밟지 않았어. 선생님이 그렇게 하라고 하면 해야 되는 거야."라는 꾸짖음이 아무 소용없어요. 마음속으로 웬 호랑이 담배 피우던 시절 이야기냐면서 그런 말을 하는 엄마에게까지 반감을 가질 거예요.

아들이 그런 모습을 보인다면 어떤 계기가 있었을 게 분명합니다. 먼저 무슨 일이 있었는지에 대해 들어봐야겠지요. "수업시간에 무슨 일 있었어? 선생님께서 어떤 점에 대해 지적을 하셨니?"라고 물어도 처음에는 자세한 상황을 이야기하지 않을지 모릅니다. 하지만 인내심을 갖고 엄마가 함께 문제를 해결하고자 하는 의지가 있다는 메시지를 계속 전달해주세요. 그러면 어느덧 아들이 허심탄회하게 속마음을 털어놓는 순간이 올 겁니다.

아들이 구체적인 상황을 털어놓으면 그것이 무엇 때문에 비롯된 일인지 얼른 분석하여 아들에게 적절한 방향을 제시해줘야겠지요. 수업시간에 집중을 하지 못한다거나, 다른 친구와 자주 충돌한다거나, 하지 말아야 할 행동을 해서 선생님께 지적을 받았다고 하더라도 아들은 자신의 행동에 대해 반성하지 않고 야단친 선생님을 원망할 거예요. 누가 봐도 자신이 잘못한 게 분명한데도요. 그렇다고 하더라도 "네가 잘못한 게 맞네. 혼날 짓을 네가 했잖아."라고 비난하지 말고 "선생님께 그런 말 들어서 속상하겠다. 엄마여도 학교 가기 싫고 선생님이 너무 미울 것 같아. 어떻게 하면 선생님께 그런 말을 듣지 않게 될까?"라고 하면서 아들이 스스로 자신의 행동을 조절할 수 있도록 조언을 해줘야 해요.

아들이 이야기를 들려주었을 때 엄마가 보기에도 선생님이 부당한 행동을 했다고 판단된다면 "엄마가 듣기에도 선생님이 그 부분은 잘못 생각하신 것 같구나. 많이 속상했겠다."라고 일단 아들의 편을 들어주세요. 그렇다고 "너희 선생님 참 이상한 사람이구나. 요즘 선생님들은 왜 그런다니?"라고 선생님을 비난하는 것은 자제해야 해요. 선생님에 대한 부정적인 인식을 심어줘서 선생님 자체를 불신하는 결과를 가져올 수 있거든요. 학생이 선생님을 불신한다면 제대로 된 교육을 받을 수 없겠지요.

이때는 "선생님께서 그 부분까지 미처 생각하지 못했나 보다. 선생님도 사람이니까 실수를 할 수 있지. 엄마도 가끔 실수를 하잖아. 선생님이 많은 학생들을 통제하다 보니 미처 그 부분을 놓친 모양이구나."라고 이야기해주면 됩니다. 어른들도 마음이 급하거나 상황이 여의치 않으면 실수할 수도 있음을 알려주는 거예요. 평소에 엄마 아빠가 자신의 실수나 부족한 점을 스스로 인정하고 그 부분을 채워나가기 위해 노력하는 모습을 자녀에게 보여주었다면 사람들은 누구나 부족한 점이 있다는 것을 인정하고 의연하게 대처할 수 있게 됩니다.

아들이 아무 이유 없이 선생님이 하는 모든 것들을 불만스러워한다면 평소 가정환경을 점검해보는 것이 좋아요. 보통의 경우는 선생님이 지시하는 것들이 다소 부당하다고 느껴지더라도 선생님은 어른인 데다가 학교에서는 자신의 보호자 역할을 하는 존재이기 때문에 어느 정도 수용하게 됩니다. 하지만 평소에 가정환경이 일방적으로 아들에게 훈계하고 지시하는 분위기였다면 아들이 권위적인 대상과 원만한 관계를 유지하는 것을 힘들어할 수 있어요. 모든 것이 부당하다고 생각되어 무조건 거부하게 되니까요.

이때는 부모와의 관계를 회복하는 것이 더 우선입니다. 서로 편안하게 생각과 마음을 나눌 수 있는 분위기를 만들어서 서로를 신뢰하고 소통할 수 있는 분위기를 만들면 선생님을 무조건 미워하고 거부하는 아들의 행동도 눈에 띄게 달라질 거예요.

아들 마음 읽기 ✳ 사춘기가 되면 기존에는 아무 조건 없이 받아들이던 것들에 대해 의심을 품고 반감을 가질 수 있어요. 그만큼 생각이 깊어졌다는 뜻입니다. 아들이 왜 선생님께 반감을 가지게 되었는지 엄마가 잘 들어주세요. 선생님의 실수라고 판단되더라도 선생님을 비난하지 말고 어른도 가끔은 실수할 수 있다고 알려주면서 속상해하는 아들의 마음을 다독여주세요. 특별한 이유 없이 선생님에 대해 반감을 가지고 있다면 권위적인 집안 분위기에서 비롯된 것일 수도 있으니 점검을 해봐야 합니다.

공부가 적성에 안 맞는다며 다 포기하려 한다면?

작은 목표부터 차근차근
성취해나가는 연습하기

아마 공부가 재미있고 좋아서 하는 아이는 많지 않을 거예요. 그냥 해야 하니까 하는 것이지요. 남들도 하니까 하는 것이고요. 이런 상황에서 노력을 하는데도 성적이 전혀 오르지 않거나 공부하는 게 도무지 적성이 안 맞는 것 같으면 크게 좌절하고 실망할 수밖에 없겠지요. 다 포기하고 다른 길을 찾고 싶은 마음도 절실해질 테고요.

공부가 적성에 안 맞는다고 포기하려고 하는 아들의 마음은 지금 어떨까요? 출발은 거기에서부터 시작해야 합니다. 주변 친구들은 다 공부를 하고 있고, 또 공부를 잘해야 좋은 대학에 가서 좋은 직장을 얻을 수 있다는 것을 모르는 게 아닙니다. 이런 상황에서는 엄마가 아무리 속상하더라도 엄마의 실망스러운 마음이나 스트레스를 아들에게 풀면 안 돼요. 성적이 오르지 않는 것은 학생이라는 신분을 가지고 있는 아들에게는 엄청난 시련이거든요.

무조건 해야 한다고 강요하거나 별거 아니라는 식으로 가볍게 넘기는 것도 삼가야 해요. 무조건 해야 한다고 강요하는 것은 안 그래도 성적에 대한 강박감을 견디지 못해 모든 것을 포기하려는 아들의 마음에 기름을 끼얹은 꼴이 되고요. 별거 아니라고 가볍게 넘기는 것은 아들 입장에서는 너무나도 심각한 문제인데 엄마는 대수롭지 않게 여긴다는 생각이 들게 해서 엄마를 신뢰하지 않게 만듭니다.

아들이 공부를 포기하겠다고 하는 상황은 엄마에게도 많이 힘든 순간이겠지요. 아들의 성적을 올리기 위해 경제적인 지원뿐만 아니라 좋은 정보를 얻기 위해 많은 노력을 기울였을 텐데요. 하지만 더욱더 힘을 내어 커다란 좌절과 시련의 시간을 보내고 있을 아들에게 난관을 극복해나갈 수 있는 지혜를 줘야 합니다.

공부를 포기하려고 하는 건 대부분 성적이 좋지 않기 때문이에요. 이 경우 공부에 대한 요령도 모르고 재미도 모를 가능성이 아주 큽니다. 아들이 성적에 대한 강박관념에서 벗어나 즐겁게 공부할 수 있는 방법을 모색하는 게 먼저입니다. 아들과 함께 목표를 다시 세우고 그 목표를 이루기 위해서는 어떻게 움직여야 하는지 계획해보세요. 이때 중요한 것은 조금 노력하면 달성할 수 있는 목표여야 한다는 점이에요. 작은 목표를 하나하나 달성해나가는 과정에서 성취감을 느낄 수 있을 테니까요. 성취감은 큰 것을 성취해야만 느낄 수 있는 건 아니에요. 작은 것이라도 내가 목표로 했던 것을 성취함으로써 하나하나 만들어나가고 이루어나가는 기쁨을 느끼게 해주는 것이 필요합니다.

아들이 목표를 세우고 그것을 이루기 위해 노력하고 있다면 목표를 이루어나가는 과정 자체를 칭찬하고 격려하는 말을 해주세요. "성적이 당장 오르지 않는다고 해서 네가 나아지지 않는 것은 아니야. 지금 당장은 네가 노력한 게 눈에 보이지 않지만, 네가 노력한 건 절대로 없어지지 않아. 어떤 식으로든 힘을 발휘해서 반드시 너의 인생에 큰 양분이 될 거야."라는 말로 응원해주면 혹시나 성적이 안 오르더라도 자신이 열심히 노력한 그 자체를 자랑스러워하며 크게 실망하지 않을 거예요.

청소년기 아이들을 보면 마치 지도 없이 등산을 하는 사람처럼 느껴져요. '좋은 대학 가기'라는 목표는 분명하지요. 하지만 그 목표를 정해준 것은 자기 자신이 아니라 부모이고 학교이고 사회이기 때문에 어디로 어떻게 가야 목표 지점에 도착하는지도 모른 채 마냥 앞만 보고 걷고 있는 것 같아요. 자기 스스로 지도를 보면서 행로를 결정하는 재미도 없고 바람 소리와 새 소리를 느껴볼 겨를도 없지요. 약수를 떠서 목을 축여볼 엄두도 내지 못하고요.

어차피 엄마가 아니어도 사회가, 그리고 학교가 우리 아이들을 정상을 향해 빨리 올라가라고 치열하게 몰아붙일 거예요. 엄마는 아들이 정상을 향해 다치지 않고 안전하게 올라갈 수 있도록 함께 지도를 만드는 역할을 해주세요. 그 지도를 만들 때는 반드시 아들이 원하는 방향을 반영해주시고요, 빠르게 올라가는 것도 중요하지만 필요할 때 푹 쉬었다 가는 것도 중요함을 알려주세요.

많은 노력을 기울였음에도 불구하고 아들이 여전히 학업을 포기하고 다른 선택을 하고 싶어 한다면 어떤 길을 가고 싶은지에 대해 논의해보세요. 만약 아들의 계획이 구체적이면서 이상적이라고 하더라도 학생이 학업을 포기하는 것은 현실을 포기하는 것과 다름없기 때문에 매우 신중하게 선택해야 하는 문제임을 알려주고 아들이 다시 힘을 낼 수 있게 응원해주세요. 지금 아들에게는 성적을 올리는 것보다 학업을 끝까지 이어나가는 것이 더 필요해 보여요. 그러니 너무 성적에 대해 부담을 갖지 않도록 각별히 신경 써주세요.

아들 마음 읽기 ✳ 공부가 적성에 맞는 사람은 많지 않습니다. 노력해도 점수가 오르지 않는 것은 본인이 열심히 안 한 탓도 있겠지만 다른 사람들이 다 열심히 하고 있기 때문일 수도 있어요. 성적이 오르지 않더라도 학업을 그냥 포기하게 하는 것은 안 돼요. 사실상 학생이 학업을 포기한다는 것은 현실을 포기하는 것과 다름이 없기 때문이에요. 성적에 대해 너무 부담을 갖지 않도록 엄마가 신경을 많이 써야 해요.

아들이 걸그룹에 푹 빠져 용돈을 마구 쓸 때는?

건강하게 사랑을 표현할 수 있는
방법 알려주기

"걸그룹 신곡이 나오면 한 노래당 음원을 수십 번을 구입하는 것
같아요."

"앨범도 싱글이 있고 정규가 있고 EP라는 것도 있던데, 새로 나올
때마다 몇 개씩 구입하는 통에 속 터져요."

"지난번에 세뱃돈 받은 걸 자기가 좋아하는 연예인 굿즈 사는 데
다 썼다고 하더라고요."

"콘서트 티켓 예매 못 했다고 속상하다면서 웃돈을 얹어서라도 사
겠다고 하네요."

이른바 '팬심'으로 '덕질'하는 자녀를 보면서 한숨을 짓는 엄마들
이 한둘이 아닐 거예요. 연예인들의 허접한 물건들을 사는 데 수만 원

에서 수십만 원까지 통 크게 써버리는 것도 분노할 일인데, 연예인에 빠져 공부도 뒷전이고 생활패턴도 엉망인 것을 보면 절망감마저 느껴질 정도예요. 이 난관을 대체 어떻게 극복해나가면 좋을까요?

아이들이 연예인을 좋아하는 마음은 어른들이 사랑에 빠질 때의 마음과 다르지 않다고 합니다. 어쩌면 사춘기 때 이성친구와 교제하면서 시간과 에너지를 소모하거나 이성친구와 결별하면서 그 충격으로 슬픔에 빠지는 것보다는 훨씬 안전할 사랑일 수도 있어요. 누군가를 사랑하면서 그 사람에게 대가를 바라지도 않고, 이 사람 실컷 좋아하다가 저 사람으로 쉽게 바꿀 수도 있으니 걸그룹을 좋아하는 것 자체만으로는 위험 요소가 하나도 없어 보입니다.

오히려 이 기회를 잘 활용하면 아들에게 다른 사람을 진짜 사랑하는 모습이 어떤 건지 가르쳐줄 수 있어요. 중심을 잃지 않고 자신이 사랑하는 대상에게 건강하게 사랑을 표현하는 방법을 배워나갈 수 있는 경험이 되니까요.

그러기 위해서는 우선 아들에게 정성을 들이고 애정을 쏟고 싶은 존재가 생겼다는 사실을 긍정적으로 받아들이고 존중하는 모습부터 보여줘야 합니다. 그리고 아들이 좋아하는 걸그룹의 노래도 들어보고 공연 모습도 보면서 아들이 좋아하는 것에 엄마도 관심을 갖고 있음을 알려주세요. 그러면 아들은 자신이 이해받고 있다는 느낌을 받게 될 거예요.

이것이 왜 중요하냐 하면 엄마가 자신이 좋아하는 것을 존중해주고 이해해준다는 생각이 들어야 엄마가 해주는 진심 어린 충고를 받아들이기 때문이에요. 먼저 엄마로부터 충분한 공감과 존중을 받아야만, 연예인을 좋아하는 마음은 충분히 이해하지만 학생으로서 지켜야 할 본분을 놓치지 말아야 한다는 엄마의 충고를 마음속 깊이 새기게 됩니다.

당연히 엄마의 마음을 어떤 말로 전달하느냐도 매우 중요하지요. "네가 그 연예인이라면 자신을 좋아하는 학생 팬이 공부도 안 하고 학원도 빼먹고 자신을 쫓아다니는 것을 자랑스러워할까, 아니면 자기 할 일을 열심히 하면서 응원해주는 것을 자랑스러워할까?"라고 이야기해주면 됩니다. 엄마와 친밀한 관계가 깊을수록 아들은 엄마의 조언을 귀 기울여 들을 것입니다.

"걔네는 너희 같은 애들을 돈줄로만 생각해. 너희 같은 애들이 걔네들을 먹여 살리고 있는 거야."라는 말은 아들에게 아무런 울림도 주지 않습니다. 오히려 자신이 좋아하는 대상을 폄하하는 엄마를 미워하기만 하겠지요. 아들도 그것을 모르지 않을 거예요. 하지만 그냥 스스로 즐거워서 하기 때문에 알아주지 않아도 충분히 만족스럽습니다. 그 마음을 몰라주는 엄마가 얼마나 야속하겠어요.

혹시나 농담으로라도 "얘네들은 왜 이렇게 노래를 못하니? 가수는 노래를 잘해야지. 댄서도 아니고 춤만 잘 추면 뭐하니."라고 좋아하는 연예인을 비하하는 말도 금물입니다. 아마 자기 자신이 비난받는다는 느낌이 들 테니까요.

"돈만 생기면 걔네들 거 사느라고 바쁘네. 이제 용돈을 주지 말아야겠다."라고 통제하는 것도 역부족이에요. 용돈을 아껴서라도 좋아하는 사람을 위해 뭔가를 하고 싶은데 엄마가 그 마음을 몰라준다는 생각에 관계가 틀어질 가능성이 큽니다.

드라마 〈응답하라 1997〉에서 HOT 팬과 젝스키스 팬이 기싸움을 벌이는 장면이 나와서 화제가 되었지요. 생각해보면 어떤 인물이냐가 달라졌을 뿐이지 사춘기 소년소녀의 마음을 사로잡는 연예인들은 늘 존재해왔어요. 아마 엄마도 한때 푹 빠져 온 정성과 사랑을 바친 연예인이 있었을 거예요. 지금 아들도 같은 단계를 거치고 있는 것입니다. 충분한 이해와 공감이 필요할 때지요. 하지만 분명한 선은 존재해야 합니다. 선을 지키는 것은 자기 통제력과 연결됩니다. 그 선을 지키게 해줄 수 있는 열쇠는 바로 엄마가 쥐고 있어요.

아들 마음 읽기 ✳ 걸그룹을 좋아하는 마음은 어른들이 사랑에 빠지는 마음과 같습니다. 누군가를 좋아하는 것은 충분히 존중받고 수용 받아야 할 사항이에요. 하지만 사랑을 표현하는 방식이 지나치다면 부모가 어느 정도 개입해서 적정한 선을 정해줘야 합니다. 아들이 좋아하는 마음부터 존중해줘야 엄마가 충고하는 것이나 제한하는 것을 아들도 인정하고 따를 것입니다.

여자친구와 헤어져서 일상생활이 엉망이라면?

아들의 어린 사랑도 존중하기

엄마도 한때는 여자였지요. 데이트를 앞두고는 어떻게 하면 상대방 마음을 더욱 사로잡을까 머리 모양도 한참 매만지고 화장도 공들여하고 이 옷 저 옷 입어보기도 했잖아요. 함께 있으면 시간 가는 줄도 모르고 마냥 행복했고, 그러다가 헤어질 때가 되면 너무 아쉬워 괜히 발걸음이 안 떨어졌을 테고요. 상대방이 주는 아주 조그마한 선물에도 감동받았지만, 내가 뭔가를 해 줄 수 있을 때는 더 행복했지요. 그런 사랑이 끝났을 때는 세상이 무너져내리는 것처럼 절망스러웠을 거예요.

아들도 지금 그런 마음과 다르지 않습니다. 어린 사랑이라고 해서 그 사랑이 별거 아닌 건 아니에요. 어른들의 사랑과 다를 바 없이 똑같이 행복하고 똑같이 아픕니다. 또한 여자친구와의 이별은 사람 자체에 대한 배신감을 느끼게 할 수도 있어요. 한 사람을 그토록 믿고 의지하고 챙겨줬는데 그 모든 순간들이 순식간에 아무것도 아닌 게 되어버린 듯한 느낌이 들어 사람에 대한 불신이 생길 거예요. 사춘기는 발달 특성상 감정의 기복이 매우 심한 데다가 감수성이 예민해서 우울감을 제대로 통제하지 못하지요. 여자친구와의 이별은 아무렇지 않게 툭툭 털고 일어날 수 있는 쉽고 단순한 문제가 아니에요.

아들이 여자친구와 헤어져서 일상생활이 엉망이 될 만큼 힘들어할 때는 엄마의 따뜻한 위로가 아주 많이 필요해요. 게다가 이 기회를 잘 살리면 아들이 다시 학생 본분으로 돌아가 공부에 집중하도록 만들 수도 있지요.

아들이 여자친구에게 최선을 다했음을 인정해주세요. "네가 많이 챙겨주고 배려해줬는데 결국 이렇게 되어버렸네. 많이 속상하지? 그 아이가 너의 노력을 너무 몰라주네."라고 말하면서 관계를 유지하기 위해 아들이 노력한 부분에 대해 인정하고 위로해줍니다.

그다음은 "엄마도 많이 속상하네. 많이 힘들겠지만 다시 힘을 내주었으면 좋겠어. 항상 네 곁에는 너를 진심으로 사랑하고 응원하는 엄마 아빠가 있다는 사실 잊지 말고."라는 말로 아들의 심정을 이해해주는 엄마 아빠가 곁에 있다는 사실을 상기시켜주세요. 티 나지 않게 살짝 헤어진 여자친구의 약점을 짚어주는 것도 괜찮습니다. "우리 아들이 좋은 점이 참 많은 아이인데, 네 여자친구는 그걸 보지 못했나

보다. 엄마 아빠처럼 그런 것을 잘 찾아내기는 힘들지. 하지만 언젠가는 너의 참다운 모습을 발견하고 진심으로 사랑해줄 사람이 나타날 거야." 정도면 충분합니다.

이런 위로는 아들이 어떤 곤경에 빠지더라도 엄마가 늘 곁에 있어줄 것이라는 느낌을 주게 됩니다. 당장의 힘든 상황을 극복해내는 데 힘을 보태줄 뿐만 아니라, 앞으로 또 다른 어려움이 생겼을 때도 의논 상대로 가장 먼저 엄마를 떠올리게 할 수 있어요. 이성 문제에 대해서도 엄마의 조언을 많이 참고하게 되겠지요.

"그것 봐. 엄마가 쓸데없는 짓 하지 말라고 했잖아. 머리에 피도 안 마른 게 뭔 여자친구니? 그 시간에 공부나 열심히 해."라고 핀잔만 잔뜩 늘어놓는 것은 역효과투성이에요. 이번 기회에 따끔하게 혼내줘야 다시는 여자친구 사귈 엄두를 못 낼 거라고 생각하나요? 절대로 그렇지 않습니다. 반항심을 부추겨 엄마가 하지 말라는 행동을 더 하려는 심보가 발동할 수도 있고요, 다시는 자신이 어려워하는 문제나 고민하고 있는 부분을 털어놓지 않으려고 할 거예요.

쓸데없는 시간을 보냈다고 지적하기보다는 뜻깊은 경험을 했음을 인정해주고, 억지로 제자리로 돌려놓으려고 하기보다는 스스로 제자리로 돌아올 수 있도록 충분히 기다려주고, 잘잘못을 따지기보다 섬세하게 공감해주면 뜻밖의 결실을 얻을 수도 있어요. 아들이 "안 그래도 그 애랑 만나느라 시간도 너무 빼앗기고 밤늦게까지 문자 하느라 많이 피곤했었어. 그 시간에 공부나 하고 운동도 더 열심히 할래."라고 선언할 수도 있거든요. 이 말 안에는 자신을 믿고 응원해준 엄마에 대한 고마운 마음이 잔뜩 담겨 있으므로 충분히 기특해해도 됩니다.

아들 마음 읽기 ✶ 사춘기 아들의 사랑도 어른들의 사랑과 다를 바 없이 소중하고 아름다워요. 당연히 그것이 끝난 다음에 겪는 우울감과 상실감도 다를 바 없고요. 일단 아들이 여자친구에게 최선을 다했음을 인정해주고 힘들어하는 마음에 대해서 충분히 위로해주세요. 아들이 어려움을 겪을 때 잘잘못을 따지는 것보다 섬세하게 공감해주는 것이 소통의 핵심입니다.

사춘기 아들과 소통하고 싶다면
지시하고 통제하는 엄마는 No,
이해하고 공감하는 엄마가 되어주세요!

사춘기는 한마디로 어른과 아이의 아슬아슬한 경계에서 방황하고 있는 상태라고 정의할 수 있습니다. 이런 불안정한 상태에 놓여 있기 때문에 감정의 기복이 널뛰기하듯이 극과 극을 달립니다. 무슨 일이 있었느냐고 물으면 "그냥!"이라고 대충 대답하고, 심부름을 시키면 "왜 나만 시켜!"라고 사납게 불평하고, 시험이 코앞이라 공부 좀 하라고 하면 "신경 쓰지 마."라고 불같이 짜증을 부려요. 이런 모습을 보면 제대로 된 어른으로 자랄 수 있을지 엄마로서 걱정과 두려움을 놓을 수 없지요.

사춘기의 열병은 반드시 끝납니다. 그러니 아들과의 갈등을 두려워 말고 아들이 올바른 결정을 내릴 수 있도록 힘이 되어주세요. 방법은 아주 간단합니다. 어른으로서 잘못된 것을 지적하고 고쳐주려고 하지 않고 어른처럼 행동하고 싶어 하는 아들의 마음을 존중하고 이해하고 인정하면 돼요. 아들이 도움을 받고 싶어 하는 부분만 도와주면 되고요.

사춘기는 부모와 아이로서 관계를 맺을 수 있는 마지막 무대입니다. 그 소중한 무대를 어떻게 해야 해피엔딩으로 연출할 수 있을까요? 다음의 체크리스트에 그 답이 있습니다.

부모-청소년 의사소통 척도 1

체크 문항

아래의 문항을 읽고 ○, ×로 답하세요.

1 내 아이가 나에게 하는 말은 가끔 믿기가 어렵다.
2 내가 원하는 바를 아이에게 부탁하는 것이 마음 내키지 않는다.
3 내 아이는 나에게 어떤 말을 하느니 차라리 입을 다물고 가만히 있으라고 한다.
4 우리에게 어떤 문제가 생기면 나는 내 아이에게 말을 하지 못하도록 한다.
5 내 아이와 대화를 나눌 땐 차라리 말을 안 하는 것이 더 마음이 편하다.
6 나에게는 내 아이와 의논할 수 없는 비밀들이 많다.
7 내 아이는 나의 속을 썩인다.
8 내 아이는 나 때문에 화가 나면 나에게 모욕을 준다.
9 무슨 일에 대한 내 진심을 내 아이에게 그대로 말할 수 없다.
10 내 아이에게 말을 할 땐 조심스럽고 꺼려진다.

결과 해석

위의 문항은 부모와 청소년 자녀 간의 의사소통에 문제가 있는지를 알아보는 체크리스트입니다. 정확하게 수치화하여 위험 수준을 정할 수는 없지만 개수가 많을수록 바람직하지 않겠지요. 나는 아들과 잘 소통하는 엄마인지 되돌아보고 개선하는 계기로 삼아보세요.

부모-청소년 의사소통 척도 2

체크 문항

아래의 문항을 읽고 ○, ×로 답하세요.

1 나의 소신을 아이와 거리낌 없이 의논할 수 있다.
2 내 아이는 내 말을 늘 귀담아 들어준다.
3 내 아이는 내가 말하지 않아도 내 감정이 어떤지 잘 안다.

4 내 아이와 대화를 하면 매우 만족스럽다.

5 마음 놓고 내 아이에게 애정을 표시한다.

6 나의 질문에 내 아이는 솔직하게 대답을 해준다.

7 내 아이는 나의 의견을 이해해주려고 애쓴다.

8 나는 내 아이와 여러 가지 문제에 관해 의논을 잘한다.

9 나의 느낌을 내 아이에게 솔직하게 잘 털어놓는다.

10 나에게 무슨 일이 있더라도 나는 내 아이에게 모두 말할 수 있다.

결과 해석

부모와 청소년 자녀 간의 의사소통이 개방적으로 바람직한 방향으로 가고 있음을 의미하는 리스트입니다. 정확하게 수치화하여 판단할 수는 없지만 개수가 많을수록 내가 잘하고 있구나라고 생각하면 됩니다.

일곱 살부터 사춘기까지
아들 키우기가 고민입니다

초판 1쇄 펴낸날 2020년 11월 6일

지은이   정윤경, 김윤정
기획·편집   CASA LIBRO
펴낸이   조은희
편집   한해숙, 신경아
디자인   최성수, 이이환
마케팅   박영준
온라인마케팅   정보영
영업관리   김효순
제작   정영조, 강명주

펴낸곳   주식회사 한솔수북
출판등록   제2013-000276호
주소   03996 서울시 마포구 월드컵로 96 영훈빌딩 5층
전화   편집 02-2001-5823 영업 02-2001-5828
팩스   02-2060-0108
전자우편   isoobook@eduhansol.co.kr
블로그   blog.naver.com/hsoobook
인스타그램   soobook2
페이스북   soobook2

ISBN 979-11-7028-695-0 03370

이 도서의 국립중앙도서관 출판예정도서목록(CIP)은
서지정보유통지원시스템 홈페이지(http://seoji.nl.go.kr)와
국가자료공동목록시스템(http://www.nl.go.kr/kolisnet)에서
이용하실 수 있습니다. (CIP제어번호: CIP2020042447)

큐알 코드를 찍어서
독자 참여 신청을 하시면
선물을 보내 드립니다.

한솔수북의 모든 책은 아이의 눈, 엄마의 마음으로 만듭니다